NICOLE JUST | FOTOS: RENÉ RIIS

LA VEGANISTA BACKT

KUCHEN UND MEHR GANZ OHNE TIER

LECKERE REZEPTE VON SÜSS BIS HERZHAFT

REZEPTE: NICOLE JUST
FOTOS: RENÉ RIIS

LA VEGANISTA BACKT

KUCHEN UND MEHR GANZ OHNE TIER

LIEBE LESERINNEN, LIEBE LESER,

der Duft nach frischem Hefekuchen, feinem Biskuit, dunkler Schokolade, frischen Früchten und aromatischen Gewürzen verwandelt jede Küche in eine kleine, feine Konditorei. Bei mir werden dann sofort Kindheitserinnerungen wach! Kein Spätsommer ohne frischen Obstkuchen, kein Geburtstag ohne eine wunderschöne Torte und natürlich kein Weihnachtsfest ohne duftende Plätzchen.

Backen ist Genuss mit allen Sinnen. Mit Freunden oder Familie bei Selbstgebackenem zusammenzusitzen tut der Seele gut. Aber kann das auch vegan funktionieren, ganz ohne tierische Zutaten, ohne Ei und Milch? Die Antwort: Ja! Es funktioniert sogar ganz fantastisch! Mit diesem Buch möchte ich Ihnen das beweisen und Ihnen zeigen, wie viel Spaß veganes Backen macht. Natürlich erkläre ich auch ganz genau, welche Alternativen zu den gewohnten Zutaten Ihnen dabei zur Verfügung stehen.

Bei meinem ersten veganen Backversuch – der schon einige Jahre her ist – war ich noch ziemlich unsicher: Wie soll ein Kuchen nur ohne Ei zusammenhalten? Dass ich auf diese Frage gleich eine ganze Handvoll Antworten finden würde, wusste ich damals noch nicht. Ich probierte viel, manches gelang, anderes nicht. Aber schon nach wenigen Monaten hatte ich eine große Palette an neuen Zutaten kennengelernt. Darunter fanden sich viele Neuentdeckungen, wie vegane Sahne oder Agar-Agar, ein pflanzliches Geliermittel. Aber ich begegnete auch altbekannten Zutaten wie Natron oder Zartbitterkuvertüre, die sich als echte Schätze für die Pflanzenbackstube erwiesen. Mein Problem war also nicht, Alternativen für Butter, Ei und Sahne zu finden, sondern mir angesichts der riesigen Auswahl die besten herauszupicken!

Während meiner Recherchen stieß ich allerdings auch auf tierische Inhaltsstoffe, wo ich sie nicht vermutet hätte. Oder wäre Ihnen auf Anhieb klar gewesen, dass bunte Zuckerstreusel oder Fruchtsäfte unter Umständen nicht vegan, ja, nicht einmal vegetarisch sind? Dekostreusel oder -perlen werden nämlich oft mit Karmin gefärbt oder mit Schelllack überzogen – und beides sind tierische Zutaten. Worum es sich dabei genau handelt, warum selbst scheinbar harmlose Pflanzenmargarine manchmal nicht vegan ist und worauf Sie beim Einkauf außerdem achten sollten, das erfahren Sie darum im Glossar dieses Buches. Gleich am Anfang verrate ich außerdem, wie Sie tierische Zutaten ganz einfach durch rein pflanzliche ersetzen können und welche Besonderheiten es beim veganen Backen gibt. Aber das Wichtigste ist natürlich der Rezeptteil mit Anleitungen für sahnige Torten, fruchtige Tartes, schokoladige Kuchen, knusprige Kekse und saftige Quiches.

Ich wünsche Ihnen viel Spaß beim Nachbacken und Genießen!

Ihre

QUALITÄTS G|U GARANTIE

DIE GU-QUALITÄTS-GARANTIE

Wir möchten Ihnen mit den Informationen und Anregungen in diesem Buch das Leben erleichtern und Sie inspirieren, Neues auszuprobieren. Bei jedem unserer Bücher achten wir auf Aktualität und stellen höchste Ansprüche an Inhalt, Optik und Ausstattung. Alle Rezepte und Informationen werden von unseren Autoren gewissenhaft erstellt und von unseren Redakteuren sorgfältig ausgewählt und mehrfach geprüft. Deshalb bieten wir Ihnen eine 100 %ige Qualitätsgarantie.

Darauf können Sie sich verlassen:
Wir legen Wert darauf, dass unsere Kochbücher zuverlässig und inspirierend zugleich sind.
Wir garantieren:
- dreifach getestete Rezepte
- sicheres Gelingen durch Schritt-für-Schritt-Anleitungen und viele nützliche Tipps
- authentische Rezept-Fotografie

Wir möchten für Sie immer besser werden:
Sollten wir mit diesem Buch Ihre Erwartungen nicht erfüllen, lassen Sie es uns bitte wissen! Nehmen Sie einfach Kontakt zu unserem Leserservice auf. Sie erhalten von uns kostenlos einen Ratgeber zum gleichen oder einem ähnlichen Thema. Die Kontaktdaten unseres Leserservice finden Sie am Ende dieses Buches.

GRÄFE UND UNZER VERLAG
Der erste Ratgeberverlag – seit 1722.

KV

SERVICE

* Im Glossar sind alle Zutaten erklärt, die in den Zutatenlisten der Rezepte mit einem Sternchen gekennzeichnet sind.

SÜSSE KLEINE SÜNDEN

BACKEN IM KLEINFORMAT

Hier kommen die Kleinen der Backstube ganz groß raus!
Denn Frühstücksmuffins, Pekannussbrownies oder Mohnwaffeln sind die perfekten Gute-Laune-Happen für zwischendurch.

SEITE 23

BESONDERS FEIN

FÜR DIE TORTENMOMENTE IM LEBEN

Manchmal muss es einfach etwas Besonderes sein: Käsesahnetorte, Blaubeertarte oder üppige Pralinentorte haben allesamt das Zeug zum Schmuckstück für die feierliche Kaffeetafel.

SEITE 109

ENDLICH KAFFEEPAUSE!

KUCHEN FÜR IMMER UND JEDEN TAG

Solche einfachen Dinge liebe ich besonders: den Marmorkuchen zum Geburtstag oder den ersten Erdbeerkuchen der Saison. Hier kommen die Rezepte, die aus jedem Mittwoch einen Feiertag machen.

SEITE 65

HERZLICH GERN HERZHAFT

BROT, PIZZA, QUICHE & CO.

Bitte hier entlang zur Grillparty mit BBQ-Brot, zur Brotzeit mit Selbstgebackenem oder zum feinen Büfett mit Waffelhäppchen. Noch Hunger? Deftige Quiches und Tartes machen satt und zufrieden!

SEITE 147

SERVICE

SO GEHT VEGAN BACKEN

KNOW-HOW FÜR DIE VEGANE BACKSTUBE

SIE WOLLEN EIN BISSCHEN GENAUER WISSEN,
WIE BACKEN OHNE BUTTER, EIER UND MILCH GEHEN SOLL?
DANN WERFEN SIE EINEN BLICK AUF MEINE VEGANEN
BACK- UND TAUSCHTIPPS AUF DEN NÄCHSTEN SEITEN!

DIE BACKTIPPS

DER VEGANISTA

WILLKOMMEN IN DER VEGANEN BACKSTUBE!

Haben Sie das auch schon mal gehört: »Rein pflanzlich backen? Ohne Eier, Milch, Sahne, Butter, Gelatine und Honig? Was bleibt denn da noch?« Dazu kann ich nur sagen: Backen auf Veganista-Art ist eine Bereicherung, und der Genuss steht dabei im Vordergrund. Denn es geht natürlich nicht darum, nur noch »supergesundes Grünzeug« zu essen. Wer möchte schon ohne Schokoladentorten, Obsttartes und saftige Rührkuchen leben? Die Lieblingsrezepte lassen sich nämlich in der Regel einfach »veganisieren«. Welche Alternativen zu Milchprodukten und Eiern dabei zur Verfügung stehen, verrate ich Ihnen auf den folgenden Seiten. Nur so viel schon hier: Die meisten Zutaten bekommen Sie im Bioladen, immer mehr auch im normalen Supermarkt, seit dort Sojamilch, Tofu & Co. Einzug gehalten haben. Darüber hinaus gibt es natürlich Spezialversender im Internet, die eine riesige Auswahl an veganen Lebensmitteln bieten. Aber bei den allermeisten Rezepten in diesem Buch können Sie einfach losbacken, denn die Zutaten haben Sie entweder sowieso zu Hause, oder sie lassen sich beim ganz normalen Einkauf besorgen.

Oma sagt: »Wer billig kauft, kauft immer wieder.« Auf Qualität zu achten lohnt sich auf jeden Fall!

Apropos Einkaufen: Weißer Zucker oder brauner Zucker, das sind ja Gesundheitsglaubensfragen. Ich habe bei den Rezepten nur »Zucker« angegeben und überlasse es Ihnen, welchen Sie lieber verwenden möchten. Ich selbst nehme übrigens gern Rübenzucker, der meistens regional hergestellt wird und nicht erst von weither importiert werden muss wie Rohrzucker.

WENIG AUSSTATTUNG – FERTIG – LOS!

Wenn Sie alle Zutaten beisammen haben, kann es sofort losgehen. Eine High-Tech-Küchenausrüstung brauchen Sie für dieses Buch nicht. Die meisten Teige mische ich am liebsten ganz ohne Küchenmaschine oder Handrührgerät mit einem Kochlöffel. Gerade veganer Biskuit hat es gar nicht so gern, wenn er zu stark gemixt und geschlagen wird. Der Stiel des Holzlöffels erspart mir übrigens beim Kneten von Hefe- und Mürbeteigen klebrige Finger und ist schneller bei der Hand, als der Knethaken im Gerät steckt. Noch praktischer als der Kochlöffel ist ein Silikon-Küchenspatel, mit dem man nicht nur rühren, sondern auch jede Schüssel restlos auskratzen kann.

Ausrollen lassen sich Mürbe- und Hefeteige sehr gut zwischen zwei Lagen Frischhaltefolie. So spare ich mir zusätzliches Mehl, das den Teig trocken machen könnte. Besonders nachhaltig ist die Folie allerdings nicht. Abhilfe schafft da eine rutschfeste, antihaftbeschichtete Backunterlage – vielleicht eine der besten Investitionen für Backbegeisterte. Solche Matten lassen sich leicht reinigen und sind vielseitig einsetzbar, beispielsweise als Plätzchenunterlage. Ich lasse zusätzlich Teige darauf ruhen und verwende sie auch, wenn ich Fondant ausrolle.

VEGANE ZUTATEN? DIE MEISTEN KANNTE SCHON OMA.

Nusspasten und feincremige Füllungen für Quiches und Kuchen lassen sich ganz einfach selbst herstellen. Voraussetzung dafür ist ein guter Pürierstab oder Standmixer. Falls Sie so ein Gerät anschaffen möchten, achten Sie beim Kauf unbedingt auf die Qualität der Verarbeitung, einfache Reinigung und möglichst hohe Wattzahlen. Denn die Leistung zählt: Wer beispielsweise Nussmuse püriert, muss mit einem Mixer geringerer Leistung unter Umständen mehr Wasser zugeben, damit sie glatt werden.

KLEINE KUCHEN GANZ GROSS

Ich weiß nicht, wie es Ihnen geht, aber kleinere Kuchen finde ich oft nicht nur hübsch, sondern für kleinere Haushalte auch ziemlich praktisch. Wenn Sie also in kleineren Formen backen möchten, als bei den Rezepten angegeben, dann nutzen Sie am besten eine der vielen Umrechnungstabellen für Backformen, die Sie im Internet finden. Ich backe oft und gern Törtchen mit nur 16 oder 18 Zentimeter Durchmesser und verschenke sie.

Ach ja: In diesem Buch beziehen sich, wenn nicht anders beschrieben, die Ofentemperaturen immer auf Ober- und Unterhitze. Rühr- und Hefeteige gelingen jedoch auch mit Umluft wunderbar. Falls Sie also einen Umluftofen besitzen, ziehen Sie von der im Rezept angegebenen Temperatur einfach ungefähr 10 Prozent ab. Hefeteigen stelle ich gern eine feuerfeste, mit Wasser gefüllte Form mit in den Umluftofen. Das lässt sie besser aufgehen und verhindert ihr Austrocknen. Richtig knusprig wird's so allerdings nicht. Darum nehme ich das Wassergefäß in den letzten 10 bis 15 Minuten aus dem Ofen.

Aber nun, liebe Veganistas, genug Theorie – Ausprobieren ist wichtiger und natürlich auch viel genüsslicher als Studieren. Also: Ran an die Rührschüsseln!

BACKEN OHNE EI

WIE FUNKTIONIERT EIGENTLICH BACKEN, WENN EIER WEGFALLEN? SCHLIESSLICH ERFÜLLEN DIE TRADITIONELL IN KUCHEN, TORTEN UND CREMES ZWEI GANZ VERSCHIEDENE FUNKTIONEN: SIE LOCKERN, ABER SIE BINDEN AUCH. ZUM GLÜCK KÖNNEN DAS VEGANE LEBENSMITTEL GENAUSO GUT! NOCH EINEN JOKER STELLE ICH AUF S. 14 VOR: VEGANEN »EISCHNEE«.

VEGANE ZAUBER-EI

Binden, Feuchthalten und Lockern auf einmal? Das geht ganz ohne Magie. Ein Esslöffel Natur-Sojaghurt ersetzt in Biskuitböden und Rührkuchen ein Ei. Zwei bis drei Esslöffel Apfelmus oder eine halbe Banane binden ebenfalls wie ein Ei und machen Teige schön saftig. In herzhaften Quiche- oder süßen Tartefüllungen sorgt ein Esslöffel Nussmus, aufgekocht oder vor dem Backen mit 50 bis 100 ml Wasser püriert, für Bindung.

STARKE HELFER

Sahnigen Cremes und Puddings gibt Speisestärke (aus Weizen, Kartoffel oder Mais) Halt. Noch mehr Bindung verleihen Pfeilwurzel-, Johannisbrotkern- oder Guarkernmehl. Diese drei lassen sich sparsamer dosieren als Speisestärke, sind backstabil und schmecken nicht hervor. Für Gelees und zur Bindung von kalten Cremes müssen sie zuvor nur mit etwas Flüssigkeit aufgekocht werden. Bis auf eine Ausnahme: Johannisbrotkernmehl bindet sogar kalt, kein Erhitzen notwendig! Schauen Sie doch mal ins Glossar (auf S. 186), um mehr über diese Helfer zu erfahren!

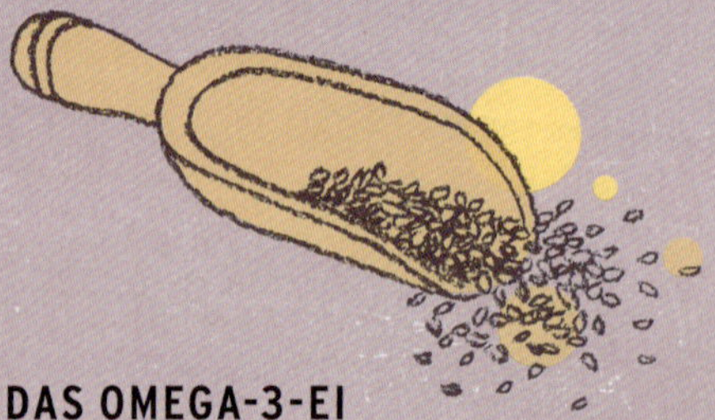

DAS OMEGA-3-EI

In herzhaftem Gebäck, Broten und Füllungen geben Leinsamen Bindung und ganz nebenbei eine Extraportion Omega-3-Fettsäuren. 1 Esslöffel geschrotete oder 1 1/2 Esslöffel ganze Leinsamen, mit 2 Esslöffeln warmem Wasser angerührt, quellen innerhalb von Minuten zur Ei-Alternative. Wen die dunklen Samen stören, der nimmt gelbe Goldleinsaat. Ähnlich gut funktioniert das mit Flohsamen oder Chiasamen. Beide finden Sie häufig in Bioläden oder Reformhäusern. Wer da nicht fündig wird, bestellt sie im Internet.

»Mach dich locker!«

IMMER SCHÖN LOCKER!

Natron ist toll! Es erzeugt beim Backen Kohlensäure und lässt Gebäck wunderbar luftig aufgehen. Auf 500 Gramm Mehl genügen 3 bis 4 gestrichene Teelöffel davon mit 2 bis 3 Teelöffeln Essig oder Zitronensaft. Die Säure aktiviert das Natron, schmeckt aber später nicht hervor. Backpulver ist ein fertiges Gemisch aus Natron und Säure. Ich verwende es gern in flüssigkeitsarmen Mürbeteigen. Wenn Sie Backpulver lieber mögen, können Sie die in den Rezepten angegebene Säure natürlich auch weglassen und das Natron 1:1 durch Backpulver ersetzen.

DAS PRICKEL-EI

In Biskuitmassen, die klassischerweise sehr viele Eier enthalten, lassen es Veganistas einfach sprudeln. Die Kohlensäure in Sprudelwasser lockert nämlich und macht Teige leicht und fluffig. In Verbindung mit etwas Natron und Sojaghurt gelingen leckere Tortenböden. Blättern Sie doch mal zum Biskuit-Grundrezept (Seite 110) und legen Sie sofort mit Ihrer ersten veganen Torte los!

HMM, WIE EI!

Seidentofu, Naturtofu oder Kichererbsen helfen dabei, Cremes und Füllungen ein Mundgefühl zu verleihen, das verblüffend an eihaltige Gerichte erinnert. Pürieren Sie diese Zutaten dafür gut durch! Anschließend darf herzhaft abgeschmeckt werden, zum Beispiel mit dem veganen Küchenwunder Kala Namak. Dieses indische Schwefelsalz bekommen Sie in Feinkostgeschäften oder im Internet. Warum Sie es lieben werden? Es schmeckt und riecht tatsächlich nach Ei! Die typische gelbe Färbung erzielen Sie durch eine Messerspitze gemahlene Kurkuma (Gelbwurz) in Teigen und Füllungen.

VEGANES »EIWEISS«

GRUNDREZEPT

SCHÖN LUFTIG

50 g Tapiokastärke* (Asienladen)
1 gestrichener TL Johannisbrotkernmehl* oder Guarkernmehl* (beide Bioladen)
4 EL kalte aufschlagbare Pflanzensahne*

FÜR 180 G »EIWEISS«
Zubereitungszeit: ca. 10 Min.
Pro 100 g ca. 190 kcal, 0 g EW, 9 g F, 31 g KH

1 Die Tapiokastärke und das Johannisbrot- oder Guarkernmehl in eine Schüssel geben und vermischen. 120 ml Wasser zugießen und die Mischung mit den Quirlen des Handrührgeräts erst auf niedriger Stufe verrühren, dann ca. 5 Min. auf hoher Stufe aufschlagen. Dabei mit dem Handrührgerät kreisförmige Bewegungen in der Schüssel machen, um möglichst viel Luft einzuarbeiten.

2 Sobald die Masse deutlich lockerer geworden ist und Fäden zieht, die kalte Sahne dazugeben und alles noch einmal 5 Min. aufschlagen. Die Masse sollte deutlich luftiger und voluminöser geworden sein.

MEINE KÜCHENPRAXISTIPPS

Diese Mischung ersetzt 4 Hühnereiweiße.

Falls sich beim Verrühren der Stärke mit Wasser Klümpchen bilden, können Sie einfach alles kurz mit dem Pürierstab glatt pürieren.

Wenn die Masse einige Stunden oder über Nacht im Kühlschrank durchziehen darf, wird sie noch stabiler.

Guarkernmehl ist ein hitzestabiles, pflanzliches Verdickungsmittel aus dem Bioladen. Eine sehr gute Alternative ist das ebenfalls pflanzliche Xanthan, das leider nur über das Internet erhältlich ist. Mit 1 gehäuften TL Xanthan auf 50 g Tapiokastärke gelingt die Masse noch stabiler.

DIESE TRICKREICHE SCHAUMSCHLÄGEREI MACHT AUCH IN DER VEGANEN BACKSTUBE MAKRONEN UND WINDBEUTEL MÖGLICH.

BACKEN OHNE MILCHPRODUKTE

ICH LIEBE SAHNE, SCHOKOLADE UND MILCH – SOLANGE SIE REIN PFLANZLICH SIND. DIE HIER VORGESTELLTEN VEGANEN ALTERNATIVEN ERSETZEN IN IHREM LIEBLINGSKUCHEN HERKÖMMLICHE ZUTATEN. UND DAS SCHMECKT RICHTIG GUT! VIELE PRODUKTE GIBT ES ÜBRIGENS IM NÄCHSTEN SUPERMARKT ZU KAUFEN. KEINE AUSREDEN MEHR – AB IN DIE KÜCHE, LIEBE VEGANISTAS!

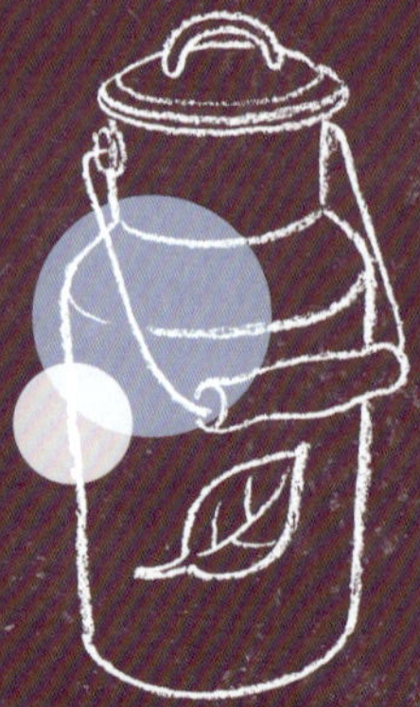

MILCH OHNE MUH

Pflanzliche Milchalternativen gibt es mittlerweile fast überall. Aber nicht alle eignen sich zum Backen: Einige Reis- und Getreidemilchsorten enthalten Enzyme und binden keine Stärke – Pudding bleibt damit dünn wie Wasser. Auf der sicheren Seite sind Sie mit Sojamilch. Eine leckere Alternative dazu ist Haselnuss- oder Mandelmilch, mit der Teige oft aber etwas kompakter und nicht ganz so fluffig geraten. Das kann aber auch Vorteile haben: So bleibt alles saftig.

SAHNE MUSS SEIN!

Pflanzliche Sahne aus Soja, Hafer oder Dinkel gibt es in vielen Supermärkten. Aber nicht alle Sorten eignen sich für alles: Ob sich ein Produkt aufschlagen lässt, steht auf dem Etikett. Bezeichnungen wie »zum Kochen« oder »cuisine« weisen darauf hin, dass es sich um reine Kochsahne handelt. Übrigens: Einige aufschlagbare Sahnesorten verlangen zusätzlich nach Sahnefestiger. Bei den Rezepten in diesem Buch werden aber anstelle des Sahnefestigers meist andere Bindemittel (zum Beispiel Stärke) verwendet – es ist also kein zusätzliches Tütchen nötig, falls nicht ausdrücklich angegeben!

FÜR SCHOKOHOLICS!

Zartbitterschokolade und -kuvertüre sind oft vegan. Der oft aufgedruckte Hinweis »kann Spuren von Milch enthalten« ist nur für Allergiker interessant. Wenn Sie hellere Schokolade brauchen, dann greifen Sie am besten zu Sorten, die Reismilch enthalten (gibt's im Bioladen). Oder Sie mischen dunkle und weiße vegane Schokolade bis zur gewünschten Helligkeit und Süße. Vegane weiße Schokolade und Kuvertüre finden Sie im Internet, seltener im Bioladen.

ALLES IN BUTTER!

Butter lässt sich durch pflanzliche Margarine und Öle ersetzen. Aber Achtung: Nicht jede Margarine ist vegan, und manchen Bestandteilen sieht man ihre tierische Herkunft nicht auf den ersten Blick an. Ausführlichere Informationen dazu gibt es im Internet. Wenn Sie mit Ölen backen möchten, greifen Sie am besten auf hitzestabile, geschmacksneutrale Bratöle zurück. Damit können Sie in den meisten Rezepten dieses Buches die Margarine ersetzen (die angegebene Menge um ca. ein Viertel reduzieren).

ALLROUNDTALENT KOKOSMILCH

Kokosmilch kann Sahne oder Milch ersetzen. Achten Sie beim Kauf auf Sorten ohne Bindemittel, in denen der Kokosnussanteil über 60 % liegt. Gekühlt setzt sich darin ganz oben pures Kokosmus ab, das sich, zurück auf Zimmertemperatur gebracht, sogar wie Sahne aufschlagen lässt! Sollte es dabei ausflocken, helfen ein bis zwei Teelöffel Pflanzenmilch.

QUARK? ABER (SO-)JA!

Pflanzlicher Quark lässt sich kinderleicht selbst herstellen. Ich schlage ein feines Sieb mit Küchenpapier aus und gebe 500 Gramm Sojaghurt hinein. Das Sieb hänge ich in eine Schüssel und lasse den Joghurt 24 Stunden zugedeckt im Kühlschrank abtropfen. Das ergibt ca. 260 Gramm Sojaquark! Für eine sehr feuchte Creme, ähnlich einer Crème fraîche, genügt eine Abtropfzeit von 8 bis 12 Stunden. Achten Sie beim Sojaghurt-Kauf auf ungesüßte Sorten. Die lassen sich herzhaft und süß verarbeiten und ganz nach Belieben selbst süßen und aromatisieren.

VEGANE »SAHNECREME«

GRUNDREZEPT

HMM, SAHNIG!

500 ml kalte aufschlagbare Pflanzensahne*
1–1 1/2 TL Agar-Agar*
1/2–1 TL Pfeilwurzelstärke*
1/2 TL Bourbonvanillepulver

FÜR 500 G SAHNECREME
Zubereitungszeit: ca. 15 Min.
Kühlzeit: ca. 5 Std.
Pro 100 g ca. 295 kcal, 1 g EW, 22 g F, 23 g KH

1 Zunächst die Aufschlagbarkeit der Sahne testen. Dafür die Hälfte der Sahnemenge mit den Quirlen des Handrührgeräts auf höchster Stufe aufschlagen. Wird die Sahne innerhalb von 1 Min. deutlich fester und lässt sich in höchstens 4 Min. schön standfest aufschlagen, sind für die weitere Verarbeitung nur 1 TL Agar-Agar und 1/2 TL Pfeilwurzelstärke nötig. Falls nicht, müssen Sie von beiden Zutaten jeweils die größere der angegebenen Mengen verwenden.

2 Das Vanillepulver unter die aufgeschlagene Sahne heben und die Creme kühl stellen. Agar-Agar und Pfeilwurzelstärke in die übrige Sahne einrühren. Die Mischung in einem Topf zum Kochen bringen und 2 Min. bei mittlerer Hitze unter Rühren kochen. Die Mischung vom Herd ziehen und lauwarm abkühlen lassen, dabei hin und wieder umrühren.

3 Die lauwarme Agar-Agar-Sahne-Mischung unter Rühren in die geschlagene, gekühlte Sahne gießen. Alles erneut mit den Quirlen des Handrührgeräts 1 Min. auf höchster Stufe luftig aufschlagen. Die Creme zugedeckt mind. 5 Std. (oder über Nacht) im Kühlschrank fest werden lassen.

MEINE KÜCHENPRAXISTIPPS

Die Sahne ist ca. 4 Tage im Kühlschrank haltbar und reicht zum Umhüllen von einer Torte (Ø 26–28 cm).

Der Aufschlagtest vor der eigentlichen Zubereitung der Sahnecreme ist wichtig: Einige Pflanzensahnesorten sind zwar aufschlagbar, allerdings nur unter Verwendung von Sahnefestiger (das ist auf der Packung angegeben). Diese Produkte werden beim Aufschlagen eher luftig als standfest, sodass sie sich nicht so gut zum Füllen von Torten eignen.

CREMIG, SÜSS, STANDFEST: DIESE SAHNECREME IST MEINE GEHEIMWAFFE FÜR EINE ORDENTLICHE TORTE!

REZEPTE

FÜRS GANZE VEGANE LEBEN

SCHÜSSELN RAUS, OFEN AN – UND LOS!

WIE DARF'S DENN HEUTE SEIN? FEIN UND SÜSS?
TORTENFEIERTÄGLICH? ODER SCHÖN DEFTIG?
HIER WARTEN DIE REZEPTE FÜR JEDE BACK- UND GENUSS
LAUNE DARAUF, AUSPROBIERT ZU WERDEN.

SÜSSE KLEINE SÜNDEN

BACKEN IM KLEINFORMAT

DIESE KLEINEN, FEINEN SACHEN MACHEN LUST AUF MEHR. KEIN PROBLEM: BEI LIEBLINGSMUFFINS, CUPCAKES UND DINKELWAFFELN DÜRFEN ALLE GERN EIN ZWEITES MAL ZUGREIFEN!

RÜHRTEIG

WUNDERBAR WANDELBAR

GRUNDREZEPT

250 g Dinkelmehl (Type 1050)
200 g Zucker
2 gestrichene TL Natron
1/2 TL Bourbonvanillepulver
1 Prise Salz
50 ml neutrales Pflanzenöl
100 ml Sojamilch*
150 g Sojaghurt*
2 TL Apfel- oder Weißweinessig*

AUSSERDEM

ggf. 12 Papiermuffinförmchen
neutrales Pflanzenöl für die Form oder das Muffinblech

FÜR 1 MUFFINBLECH (12 MUFFINS) ODER 1 KASTENFORM (25 CM, 12 STÜCKE)

Zubereitungszeit: ca. 20 Min.
Backzeit: ca. 20 Min. (Muffins), ca. 50 Min. (Kastenkuchen)
Pro Muffin bzw. Stück ca. 186 kcal, 4 g EW, 5 g F, 31 g KH

1 Den Backofen auf 180° vorheizen. Alle trockenen Zutaten in einer Schüssel miteinander vermischen.

2 Öl, Sojamilch, Sojaghurt und Essig hinzugeben und alles mit einem Rührlöffel oder den Quirlen des Handrührgeräts rasch zu einem glatten Teig verrühren, der zähflüssig vom Löffel tropft.

3 Je nach Wunsch 12 große Papiermuffinförmchen in die Mulden eines Muffinblechs setzen oder eine Kastenform einfetten. Den Teig einfüllen und das Gebäck im Backofen (Mitte) backen: Muffins 15–20 Min., einen Kastenkuchen 40–50 Min. Es soll gut aufgegangen sein und leicht gebräunt aussehen. Fertig ist es, wenn an einem hineingesteckten Holzstäbchen kein Teig mehr hängen bleibt.

MEINE RÜHRTEIGIDEEN

Für einen Obstkuchen die Teigmenge halbieren und mit abgeriebener Schale und Saft von 1/2 Bio-Zitrone würzen. 500–700 g Früchte (zum Beispiel Äpfel, Birnen, Kirschen, Beeren oder Zwetschgen) waschen und je nach Sorte entkernen, schälen und/oder klein schneiden. Eine Springform (Ø 26 cm) einfetten, den Teig hineinfüllen und mit dem Obst belegen. Den Kuchen bei 180° (Mitte) im Backofen 25–30 Min. backen.

Für einen nussigen Kuchen ersetzen Sie 100 g der Mehlmenge durch gehackte Mandeln oder Haselnüsse.

Die Herzen von Schokoholics schlagen höher, wenn Sie 70 g Bitterschokolade* (mind. 55 % Kakaoanteil), gehackt oder im Wasserbad geschmolzen, unter den Teig heben.

Für einen weihnachtlichen Kuchen würzen Sie den Teig mit 1 walnussgroßen Stück frischem Ingwer, geschält und gerieben, 1 gehäuften TL Zimtpulver und 150 g Sultaninen.

DER GEHT IMMER: MEIN LIEBLINGSRÜHRTEIG VERWANDELT SICH NACH LUST UND LAUNE IN MUFFINS, KUCHEN ODER TORTENBÖDEN.

FLUFFIG-FRUCHTIG!

LIEBLINGS-MUFFINS

DER VEGANISTA

ICH PRÄSENTIERE: MEINE LIEBLINGS-MUFFINS! DIE KOMBINATION VON INGWER UND ORANGE IST EINFACH DER HIT.

FÜR DEN TEIG
1 walnussgroßes Stück frischer Ingwer
3 Orangen
250 g Dinkelmehl (Type 1050)
200 g Zucker
2 gestrichene TL Natron
1/2 TL Bourbonvanillepulver
1 Prise Salz
50 ml neutrales Pflanzenöl
80ml Sojamilch*
150 g ungesüßter Sojaghurt*
2 TL Apfel- oder Weißweinessig*

AUSSERDEM
Margarine* für das Muffinblech oder
12 Papiermuffinförmchen

FÜR 1 MUFFINBLECH (12 MUFFINS)
Zubereitungszeit: ca. 25 Min.
Backzeit: ca. 20 Min.
Pro Stück ca. 190 kcal, 4 g EW, 5 g F, 32 g KH

1 Den Backofen auf 180° vorheizen. Das Muffinblech fetten oder die Papierförmchen hineinsetzen.

2 Den Ingwer schälen und fein reiben. Die Orangen bis ins Fruchtfleisch schälen, sodass auch die Haut entfernt wird, und die Fruchtfilets zwischen den Segmenthäutchen herausschneiden. Dabei den Saft auffangen. Die Orangenfilets fein würfeln.

3 Für den Teig Mehl, Zucker, Natron, Vanillepulver und Salz gut vermischen. Ingwer, Orangensaft und die übrigen Teigzutaten zur Mehlmischung geben und alles mit einem Rührlöffel oder den Quirlen des Handrührgeräts rasch zu einem glatten Teig verrühren. Zum Schluss die Orangenwürfel unterheben.

4 Den Teig in die Mulden des Muffinblechs füllen. Die Muffins im Backofen (Mitte) 15–20 Min. backen, bis sie gut aufgegangen und leicht gebräunt sind und an einem hineingesteckten Holzstäbchen kein Teig mehr kleben bleibt. Die Muffins herausnehmen und auf einem Kuchengitter abkühlen lassen.

SCHOKO-MUFFINS

MIT KIRSCHFÜLLUNG

KIRSCHEN KRÖNEN SAFTIGEN SCHOKOTEIG – SO DARF DER SOMMER GERN IMMER AUSSEHEN!

1 Den Backofen auf 180° vorheizen. Die Mulden des Muffinblechs fetten. Für den Teig die Schokolade grob hacken. Die übrigen Teigzutaten rasch zu einem glatten Teig verrühren und die Schokosplitter unterheben.

2 Den Teig auf die Mulden des Muffinblechs verteilen und die Muffins im Backofen (Mitte) 12–15 Min. backen (Stäbchenprobe), herausnehmen und auskühlen lassen.

3 Inzwischen frische Kirschen waschen und entkernen. Die Kirschen in einem Topf mit Kirschsaft oder Wasser, ggf. Kirschwasser, Agavendicksaft und Agar-Agar verrühren, aufkochen und 2 Min. köcheln lassen. Vom Herd nehmen und das Guarkernmehl einrühren. Alles lauwarm abkühlen lassen, dabei immer wieder umrühren.

4 Die Mandeln in einer Pfanne ohne Fett anrösten und fein hacken. Aus der Mitte jedes Muffins eine runde, ca. 1,5 cm tiefe Mulde herausschneiden. (Die Teigreste können Sie für Cakepops verwenden, siehe S. 48.) In jede Mulde etwas Kirschmasse füllen und die Muffins mit den gehackten Mandeln bestreuen.

FÜR DEN TEIG

70 g Bitterschokolade* (mind. 55 % Kakaoanteil)
300 g Dinkelvollkornmehl
1 leicht gehäufter TL Natron
1/2 TL Bourbonvanillepulver
70 g Agavendicksaft*
30 ml neutrales Pflanzenöl
1 TL Apfel- oder Weißweinessig*
150 g ungesüßter Sojajoghurt*
200 ml Sojamilch*

FÜR DIE FÜLLUNG

220 g Sauerkirschen
(ersatzweise 200 g TK-Sauerkirschen, aufgetaut, abgetropft)
50 ml Kirschsaft (ersatzweise Wasser)
1 EL Kirschwasser (nach Belieben)
3 EL Agavendicksaft*
1/2 TL Agar-Agar*
1 Msp. Guarkernmehl*
40 g Mandeln

AUSSERDEM

neutrales Pflanzenöl für das Muffinblech

FÜR 1 MUFFINBLECH (12 MUFFINS)

Zubereitungszeit: ca. 35 Min.
Backzeit: ca. 15 Min.
Pro Stück ca. 215 kcal, 6 g EW, 16 g F, 29 g KH

FRÜHSTÜCKSMUFFINS

»VEGANISTA STYLE«

ENERGIESTART IN DEN TAG!

FÜR DEN TEIG

1 Bio-Zitrone | 1 Apfel (ca. 150 g)
1 mittelgroße Möhre
60 g Buchweizenvollkornmehl
160 g Dinkelvollkornmehl
80 g Buchweizen-, grobe Hafer- oder Dinkelflocken
1/2 TL Bourbonvanillepulver | 1 Prise Salz
1 leicht gehäuften TL Backpulver
100 g Haselnusskerne
70 ml Ahornsirup
4 Medjool- oder 6 Deglet-Nour-Datteln

AUSSERDEM

neutrales Pflanzenöl* für das Muffinblech oder
12 Papiermuffinförmchen
8 EL Reispops (alternativ andere gepuffte, ungesüßte Zerealien wie Amaranthpops)

FÜR 1 MUFFINBLECH (12 MUFFINS)

Zubereitungszeit: ca. 35 Min.
Backzeit: ca. 20 Min.
Pro Stück ca. 185 kcal, 5 g EW, 12 g F, 25 g KH

1 Den Backofen auf 180° vorheizen. Die Zitrone heiß abwaschen, abtrocknen, die Schale fein abreiben und den Saft aus einer Hälfte auspressen (die übrige Hälfte anderweitig verwenden). Den Apfel waschen, das Kerngehäuse entfernen, das Fruchtfleisch mit Schale fein würfeln und sofort mit dem Zitronensaft verrühren. Die Möhre waschen und putzen, nur falls nötig schälen und fein reiben. Die Raspel mit den Apfelwürfeln mischen.

2 Die beiden Mehlsorten mit Flocken, Vanille, Salz, Backpulver und Zitronenschale verrühren. 1 EL der Haselnusskerne auf ein Blech geben und im Backofen (Mitte) 6–7 Min. anrösten. Die Nüsse herausnehmen und abkühlen lassen.

3 In der Zwischenzeit die übrigen Haselnüsse mit 300 ml Wasser im Mixer fein pürieren. Diese Nussmilch zu der Mehlmischung geben. Den Ahornsirup mit einem Löffel einrühren, bis ein homogener Teig entstanden ist, der schwer reißend vom Löffel fällt. Falls er zu fest ist, esslöffelweise Wasser unterrühren, bis die gewünschte Konsistenz erreicht ist.

4 Die abgekühlten Haselnüsse grob hacken. Die Datteln entsteinen, klein würfeln und mit den gehackten Nüssen und der Apfel-Möhren-Mischung unter den Teig heben.

5 Die Mulden des Muffinblechs fetten oder die Papierförmchen hineinsetzen und den Teig randvoll einfüllen. Die Muffins mit den Reispops bestreuen und die Garnitur vorsichtig etwas in den Teig drücken. Die Muffins im Backofen (Mitte) 15–20 Min. backen, bis an einem hineingesteckten Holzstäbchen kein Teig mehr kleben bleibt.

MEINE PRAXISTIPPS

Probieren Sie diese saftigen Muffins je nach Saison statt des Apfels doch auch mal mit 1 Birne (ohne Kerngehäuse würfeln), 4 Zwetschgen (entsteinen und würfeln), 1 Handvoll Beeren (verlesen) oder 1 Orange (filetieren und würfeln)!

Da als einziges Backtriebmittel Backpulver verwendet wird und die Nussmilch eher für eine festere Konsistenz sorgt, gehen diese Muffins nicht so stark auf wie üblich.

ICH BEREITE IMMER GLEICH DIE DOPPELTE MENGE MUFFINS ZU UND FRIERE SIE EIN.

DANN NEHME ICH SIE EINFACH AM VORABEND AUS DEM FROST, UND DER MORGEN IST GERETTET!

NOUGAT-CUPCAKES

----- MIT WEICHEM KERN -----

FÜR DAS TOPPING
400 ml Sojamilch* | 40 g Speisestärke
1 TL Bourbonvanillepulver
1/2 TL Johannisbrotkernmehl*
100 g Nougat* | 1 EL Kakaopulver
200 g weiche Margarine*
100 g Puderzucker

FÜR DEN TEIG
250 g Weizenmehl (Type 405) oder Dinkelmehl (Type 630)
200 g Zucker
2 gestrichene TL Natron
60 g Kakaopulver
1 Prise Salz | 100 ml neutrales Pflanzenöl
100 ml Sojamilch* | 150 g Sojaghurt*
2 TL Apfel- oder Weißweinessig*

AUSSERDEM
neutrales Pflanzenöl für das Muffinblech
oder 12 Papiermuffinförmchen
125 g Nougat* für den Kern
1 Spritzbeutel mit Sterntülle
1 EL Kakaopulver zum Bestäuben

FÜR 1 MUFFINBLECH (12 CUPCAKES)
Zubereitungszeit: ca. 50 Min.
Kühlzeit: ca. 1 Std. | Backzeit: ca. 18 Min.
Pro Stück ca. 520 kcal, 6 g EW, 29 g F, 59 g KH

1 Für das Topping einen Pudding kochen: Dazu ein Drittel der Sojamilch abnehmen und mit Stärke, Vanille und Johannisbrotkernmehl verrühren. Die übrige Sojamilch in einem Topf aufkochen. Die Milch-Stärke-Mischung einrühren und alles erneut unter Rühren aufkochen lassen. Den Pudding vom Herd nehmen. Das Nougat grob würfeln und mit dem Kakaopulver unter den Pudding mischen, bis er geschmolzen ist. Die Creme zugedeckt abkühlen lassen.

2 Die Margarine für das Topping mit den Quirlen des Handrührgeräts auf niedrigster Stufe glatt rühren. Nach und nach auf mittlerer Stufe den Puderzucker untermischen. Den zimmerwarmen Nougatpudding esslöffelweise unterarbeiten und die Creme mind. 1 Std. im Kühlschrank fest werden lassen.

3 Den Backofen auf 190° vorheizen. Die Mulden des Muffinblechs fetten oder die Papierförmchen hineinsetzen.

4 Für den Teig die trockenen Zutaten verrühren, die feuchten Zutaten hinzufügen und alles mit einem Rührlöffel oder den Quirlen des Handrührgeräts rasch zu einem zähen Teig verrühren. Zwei Drittel des Teigs auf die Mulden des Muffinblechs verteilen. Das Nugat in 12 Stücke schneiden und auf den Teig verteilen, dabei leicht eindrücken, und mit dem übrigen Teig bedecken.

5 Die Cupcakes im Ofen (Mitte) ca. 18 Min. backen, herausnehmen und auf einem Kuchengitter abkühlen lassen.

6 Die Nougatcreme in den Spritzbeutel füllen. Die ausgekühlten Cupcakes mit Cremetuffs garnieren und mit Kakaopulver bestäuben. Die fertigen Cupcakes bis zum Servieren kühl stellen.

MEIN ZEITSPARTIPP

Die Creme können Sie auch schon am Vortag vorbereiten. Dann sind die Cupcakes am Backtag ziemlich schnell gemacht.

MIT ÜBER-
RASCHUNG

DONAUWELLEN-CUPCAKES

MIT HIMBEEREN

FÜR DEN TEIG
150 g Himbeeren (frisch oder TK, aufgetaut)
300 g Weizenmehl (Type 405) oder Dinkelmehl (Type 630)
100 g Zucker
2 TL Natron
1/2 TL Bourbonvanillepulver
1 Prise Salz
2 TL Apfel- oder Weißweinessig*
80 ml neutrales Pflanzenöl
300 ml Sprudelwasser
20 g Kakaopulver

FÜR DAS FROSTING
180 g weiche Margarine*
210 g Puderzucker
1 TL Bourbonvanillepulver
60 g Speisestärke
1 1/2–2 TL Pflanzenmilch*
1 gehäufter EL Kakaopulver

AUSSERDEM
Margarine* für das Muffinblech
oder 12 Papiermuffinförmchen
1 Spritzbeutel mit großer Sterntülle

FÜR 1 MUFFINBLECH (12 CUPCAKES)
Zubereitungszeit: ca. 50 Min.
Kühlzeit: ca. 1 Std.
Backzeit: ca. 28 Min.
Pro Stück ca. 400 kcal, 3 g EW, 19 g F, 53 g KH

1 Den Backofen auf 180° vorheizen. Die Mulden des Muffinblechs fetten oder die Papierförmchen hineinsetzen.

2 Für den Teig frische Himbeeren verlesen, falls nötig vorsichtig in stehendem Wasser waschen und gut abtropfen lassen. TK-Himbeeren abtropfen lassen.

3 Die trockenen Teigzutaten vermischen und die feuchten (bis auf die Himbeeren) zugeben. Alles mit einem Rührlöffel oder den Quirlen des Handrührgeräts rasch zu einem Teig verrühren. Die Hälfte auf die Mulden des Muffinblechs verteilen. Den übrigen Teig mit dem Kakaopulver verrühren und auf dem hellen Teig verteilen.

4 Je 3–4 Himbeeren auf jede Teigportion setzen und leicht hineindrücken. Die Cupcakes im Backofen (unten) 26–28 Min. backen, bis an einem hineingesteckten Holzstäbchen kein Teig mehr kleben bleibt. Die fertigen Cupcakes aus dem Ofen nehmen und auf einem Kuchengitter abkühlen lassen.

5 Für das Topping die Margarine mit den Quirlen des Handrührgeräts auf niedrigster Stufe glatt rühren. Puderzucker, Vanille und Stärke zur Margarine geben und alles kurz untermischen. 1/2 TL Pflanzenmilch einrühren.
Ist die Masse noch krümelig, noch 1/2 TL untermischen.
Die Mischung ca. 30 Sek. auf höchster Stufe aufschlagen.
Die Hälfte der Creme abnehmen und mit dem Kakaopulver und 1 weiteren TL Pflanzenmilch glatt rühren.

6 Die dunkle und helle Creme nebeneinander in einen Spritzbeutel mit großer Sterntülle füllen. Den Spritzbeutel in ein Glas stellen und 1 Std. kühlen.

7 Kurz vor dem Servieren auf jeden Cupcake einen Tuff von der zweifarbigen Creme spritzen.

HIER DARF DIE HIMBEERE ENDLICH AUCH MAL ZEIGEN, DASS SIE IN DER DONAUWELLE EINE MINDESTENS GENAUSO GUTE FIGUR MACHT WIE DIE KIRSCHE.

KLASSIKER IN MINI

APFEL-MARZIPAN-MINISCONES

IT'S TEATIME, DARLING!

FÜR DEN TEIG
120 g ungesüßter Sojaghurt*
2 mittelgroße Äpfel
70 g Marzipanrohmasse
250 g Weizenmehl (Type 405) oder Dinkelmehl (Type 630)
40 g Zucker
2 TL Backpulver
1 Msp. Zimtpulver
1 Prise Salz
70 g kalte Margarine*
3 EL Sojamilch*

AUSSERDEM
Weizen- oder Dinkelmehl zum Verarbeiten
Backpapier für das Blech
1 runde Ausstechform (Ø 4–5 cm), ersatzweise Sektkelch

FÜR 20 STÜCK
Zubereitungszeit: ca. 40 Min.
Abtropfzeit: ca. 8 Std.
Backzeit: ca. 15 Min.
Pro Stück ca. 105 kcal, 2 g EW, 4 g F, 15 g KH

1 Am Vortag ein feines Sieb mit Küchenpapier oder einem feinen Tuch auslegen, den Sojaghurt hineingeben und zugedeckt 8 Std. im Kühlschrank abtropfen lassen.

2 Am Backtag die Äpfel waschen, vierteln und das Kerngehäuse entfernen. Die Viertel ungeschält ca. 1 cm groß würfeln. Das Marzipan klein würfeln.

3 Mehl, Sojaghurt, Zucker, Backpulver, Zimt und Salz vermischen und den abgetropften Sojaghurt hinzufügen. Die Margarine in Flocken zum Mehlgemisch geben. Alles mit den Händen rasch zu einem glatten Teig verarbeiten.

4 Den Backofen auf 180° vorheizen. Apfel- und Marzipanwürfel zum Teig geben und kurz unterkneten. Den Teig auf der bemehlten Arbeitsfläche ca. 3,5 cm dick ausrollen. Mit dem Ausstecher oder einem Sektkelch 20 Plätzchen ausstechen, dabei falls nötig die Teigreste kurz zusammenkneten und neu ausrollen.

5 Die Scones auf ein mit Backpapier belegtes Blech legen und mit der Sojamilch bepinseln. Die Scones im Ofen (Mitte) ca. 15 Min. backen, bis sie leicht gebräunt sind.

MEINE PRAXISTIPPS

Aus diesem Rezept können Sie natürlich auch zehn große Scones herstellen. Dafür einfach den Teig mit einem größeren Ausstecher oder Wasserglas (Ø ca. 6–7 cm) ausstechen und die Scones 10 Min. länger backen.

Ich lasse übrigens normalerweise gleich eine ganze Packung Sojaghurt abtropfen. Der lässt sich nämlich – egal ob herzhaft oder süß – wie Frischkäse verwenden und hält sich einige Tage im Kühlschrank. Für die Scones benötigen Sie später 60 g von dem abgetropften Joghurt.

GEBÄCK IN MINIATURFORM IST EINFACH TOLL! DIESE ENGLISCHEN TEATIME-KLASSIKER PASSEN IN DER MINI-VERSION PERFEKT AUFS KUCHENBÜFETT.

BROWNIES

MIT PEKANNÜSSEN

ECHT SCHOKOLADIG!

FÜR DEN TEIG

2 TL Leinsamenschrot
125 g Bitterschokolade* (mind. 55 % Kakaoanteil)
200 g Weizenvollkornmehl
1/2 TL Backpulver
170 g Zucker
1 TL Bourbonvanillepulver
50 g Kakaopulver
170 g Margarine*
150 ml Pflanzenmilch*

FÜR DIE GLASUR

30 g Margarine*
2 EL Zucker
5 EL Orangenlikör (nach Belieben)

AUSSERDEM

Backpapier für die Form
100 g Pekannusskerne (ersatzweise Walnusskerne)

FÜR 1 ECKIGE BACK- ODER AUFLAUFFORM (CA. 20 X 30 CM, 12 STÜCKE)

Zubereitungszeit: ca. 25 Min.
Backzeit: ca. 20 Min.
Pro Stück ca. 385 kcal, 5 g EW, 25 g F, 34 g KH

1 Für den Teig den Leinsamenschrot mit 1 EL Wasser vermischen und ca. 5 Min. quellen lassen. Die Schokolade in einer Schüssel im Wasserbad schmelzen.

2 Mehl, Backpulver, Zucker, Vanille und Kakao vermischen. Geschmolzene Schokolade, gequollene Leinsamen, Margarine und Pflanzenmilch zugeben und alles mit einem Rührlöffel oder den Quirlen des Handrührgeräts rasch zu einem glatten Teig verrühren.

3 Den Backofen auf 190° vorheizen. Die Form mit Backpapier auslegen, den Teig einfüllen und glatt streichen. Die Nüsse in Reihen darauflegen und ein wenig in den Teig hineindrücken.

4 Für die Glasur in einem Topf Margarine und Zucker mit 50 ml Wasser schmelzen, aufkochen und 30 Sek. kochen lassen. Den Orangenlikör (falls verwendet) einrühren. Die Mischung auf den Teig gießen.

5 Den Kuchen im Backofen (Mitte) 20 Min. backen, dann in der Form vollständig auskühlen lassen und in zwölf Stücke schneiden.

NUSSIG-SÜSS UND SUPERSCHOKOLADIG: DANK DER SPEZIALGLASUR BLEIBEN DIE BROWNIES SCHÖN SAFTIG.

ZITRONENKÜCHLEIN

AUS KARTOFFELTEIG

OHNE EIN-
SCHRÄNKUNG
LECKER!

300 g mehligkochende Kartoffeln
1 Bio-Zitrone
100 g Reismehl
2 EL Sojamehl*
1/2 TL Backpulver
160 g Zucker
1/2 TL Bourbonvanillepulver
160 ml Sojamilch*
4 EL neutrales Pflanzenöl

AUSSERDEM

neutrales Pflanzenöl für das Muffinblech
oder 12 Papiermuffinförmchen
2 EL brauner Zucker
1 EL weiche Margarine*

FÜR 1 MUFFINBLECH (12 KÜCHLEIN)

Zubereitungszeit: ca. 30 Min.
Backzeit: ca. 30 Min.
Pro Stück ca. 155 kcal, 2 g EW, 5 g F, 26 g KH

MEIN VERWANDLUNGSTIPP

Dieses Rezept ist gleichzeitig ein Grundrezept für glutenfreies Gebäck, das zwar nicht stark aufgeht, aber dafür schön saftig bleibt.

Aus dem Teig lassen sich auch glutenfreie Krapfen herstellen. Dazu reichlich hoch erhitzbares Pflanzenöl erhitzen, bis an einem hineingehaltenen Holzstäbchen sofort Blasen aufsteigen. Mit zwei Esslöffeln Nocken von dem Teig abstechen, in das heiße Öl geben und die Krapfen von jeder Seite in 1-2 Min. goldgelb backen. Die Krapfen auf Küchenpapier entfetten.

1 Die Kartoffeln schälen, waschen, vierteln und in reichlich Salzwasser in 15–20 Min. gar kochen. Die weichen Kartoffeln abgießen, im offenen Topf ausdampfen und lauwarm abkühlen lassen.

2 In der Zwischenzeit die Zitrone heiß abwaschen, abtrocknen und die Schale abreiben. In einer Schüssel beide Mehlsorten, Backpulver, Zucker, Vanille und Zitronenschale vermischen.

3 Die Kartoffeln durch eine Kartoffelpresse drücken oder fein stampfen und zusammen mit Sojamilch und Öl zu den restlichen Zutaten geben. Alles mit den Quirlen des Handrührgeräts erst ca. 1 Min. auf kleinster Stufe vermengen, dann 2 Min. auf höchster Stufe zu einem zähen, homogenen Rührteig verarbeiten.

4 Den Backofen auf 200° vorheizen. Die Mulden des Muffinblechs fetten oder die Papierförmchen hineinsetzen. Den Teig auf die Mulden verteilen und die Küchlein im Backofen (Mitte) 10 Min. backen. Inzwischen den braunen Zucker mit der weichen Margarine mischen und nach 10 Min. Backzeit auf den Küchlein verteilen. Die Küchlein 15–20 Min. weiterbacken, bis an einem hineingesteckten Holzstäbchen kein Teig mehr kleben bleibt.

DINKEL-WAFFELN

MEINE EINS-ZWEI-DREI GEBACKENE ANTWORT AUF DEN SÜSS-HUNGER ZWISCHENDURCH!

FÜR DEN TEIG
1 kleine Bio-Zitrone
250 g Dinkelmehl (Type 1050)
1 EL Mohnsamen
80 g Agavendicksaft*
1/2 TL Natron
1 EL neutrales Pflanzenöl
240 ml ungesüßte Dinkelmilch*
(ersatzweise Soja- oder Hafermilch*)

AUSSERDEM
neutrales Pflanzenöl für das Waffeleisen
1 EL Puderzucker zum Bestäuben (nach Belieben)

FÜR 7 WAFFELN
Zubereitungszeit: ca. 25 Min.
Pro Stück ca. 200 kcal, 6 g EW, 3 g F, 37 g KH

1 Das Waffeleisen auf höchste Stufe vorheizen. Die Zitrone heiß abwaschen, abtrocknen, die Schale abreiben und den Saft auspressen. Zitronenschale, -saft und alle anderen Zutaten mit einem Schneebesen zu einem glatten Teig verquirlen.

2 Das Waffeleisen (falls möglich) auf die zweitniedrigste Temperaturstufe zurückstellen und die Backflächen mithilfe eines Backpinsels mit Öl einpinseln. Eine halbe Kelle Teig hineingeben, etwas verteilen, das Waffeleisen zuklappen und die Waffel in 2–3 Min. goldbraun backen. Mit den übrigen Waffeln ebenso verfahren. Die fertigen Waffeln nach Belieben mit Puderzucker bestäuben und mit Früchten servieren.

MEIN ERFOLGSTIPP

Wenn das Waffeleisen während des Backens zu früh geöffnet wird, bleibt der Teig an den Backflächen haften. Probieren Sie nach ca. 2 Min. Backzeit den Deckel des Eisens mit einem Finger leicht anzuheben. Ist beim Öffnen Widerstand zu spüren, brauchen die Waffeln noch weitere 30–60 Sek. Sobald sich der Deckel mühelos anheben lässt, sind die Waffeln fertig!

ERDNUSS-BISCOTTI

ERDNÜSSE, KARAMELL UND SALZ? EIN ECHTER KLASSIKER!

1 Den Backofen auf 190° vorheizen. Mehl, Backpulver, Salz und Zucker vermischen. Die kalte Margarine in Flöckchen zugeben und mit den Händen rasch einarbeiten. Die Pflanzenmilch und die Erdnüsse zufügen und alles sehr kurz verkneten.

2 Den Teig dritteln und drei Rollen (Ø ca. 4 cm) formen. Die Rollen auf ein mit Backpapier belegtes Blech legen und 12 Min. im Backofen (Mitte) backen. Das Blech aus dem Ofen nehmen und die Rollen kurz abkühlen lassen.

3 Jede der Rollen in zwölf ca. 2 cm dicke Scheiben schneiden. Die Plätzchen dicht an dicht auf das Blech legen (sie gehen nicht mehr wesentlich auf) und weitere 5 Min. backen. Die fertigen Plätzchen herausnehmen und auf einem Kuchengitter auskühlen lassen.

4 Für das Karamell den Zucker mit Margarine und 2 EL Wasser in einem Topf zum Schmelzen bringen und aufkochen. Dann die Hitze reduzieren und die Mischung unter Rühren ca. 5 Min. karamellisieren lassen.

5 Mit einem Löffel dünne Karamellfäden über die fertigen Kekse ziehen und trocknen lassen.

FÜR DEN TEIG

300 g Weizen- oder Dinkelvollkornmehl
1 TL Backpulver
1 gestrichener TL Salz
150 g Zucker
90 g kalte Margarine*
120 ml Pflanzenmilch*
150 g geröstete, ungesalzene Erdnüsse

FÜR DAS KARAMELL

60 g Zucker
1 EL Margarine*

AUSSERDEM

Backpapier für das Blech

FÜR 36 STÜCK

Zubereitungszeit: ca. 30 Min.
Backzeit: ca. 16 Min.
Pro Stück ca. 95 kcal, 2 g EW, 5 g F, 11 g KH

SÜSS-SALZIG

KOKOSMAKRONEN

----- VEGANISTA-ART -----

NICHT NUR ZU WEIHNACHTEN

FÜR DIE MAKRONENMASSE
30 g Tapiokastärke* (Asienladen)
3/4 TL Guarkernmehl* oder Johannisbrotkernmehl* (beide Bioladen)
40 ml kalte aufschlagbare Pflanzensahne*
75 g Puderzucker
50 g Kokosflocken

AUSSERDEM
Backpapier für das Blech

FÜR 36 STÜCK
Zubereitungszeit: ca. 20 Min.
Backzeit: ca. 40 Min. pro Blech
Pro Stück ca. 23 kcal, 0 g EW, 1 g F, 3 g KH

1 Den Backofen auf 150° Umluft vorheizen (Umluft funktioniert in diesem Rezept am besten, alternativ 165° Ober-/Unterhitze verwenden).

2 Die Tapiokastärke mit dem Guarkern- oder Johannisbrotkernmehl in eine Schüssel geben. 100 ml Wasser zugießen und die Mischung mit den Quirlen des Handrührgeräts erst auf niedriger Stufe verrühren, dann ca. 5 Min. auf hoher Stufe aufschlagen. Dabei mit dem Handrührgerät kreisförmige Bewegungen in der Schüssel machen, um möglichst viel Luft einzuarbeiten.

3 Wenn die Masse deutlich lockerer geworden ist und Fäden zieht, die kalte Sahne dazugeben und alles noch einmal 5 Min. aufschlagen. Die Masse sollte deutlich lockerer und voluminöser geworden sein.

4 Den Puderzuckers über die Masse sieben und mit einem Löffel oder Teigspatel unterheben, dabei noch etwas Luft unterschlagen. Sobald der Puderzucker vollständig untergearbeitet ist, diesen Vorgang mit den Kokosflocken wiederholen.

5 3 Bögen Backpapier bereitlegen und auf jeden mit zwei angefeuchteten Teelöffeln ca. 12 Makronen setzen. Die Bögen auf Bleche ziehen und im heißen Ofen entweder bei Umluft gleichzeitig ca. 30 Min. trocknen lassen oder bei Ober-/Unterhitze nacheinander je ca. 40 Min.

6 Die fertigen Makronen ca. 10 Min. auf dem Backpapier abkühlen lassen, dann vorsichtig ablösen und umgedreht komplett auskühlen lassen.

MEIN AUFBEWAHRUNGSTIPP

Makronen halten sich luftdicht verschlossen 1-2 Wochen, zum Beispiel in einer Keksdose.

AUS WENIGEN ZUTATEN WERDEN RUCKZUCK KLEINE MAKRÖNCHEN.

AM BESTEN SIND SIE NOCH LAUWARM FRISCH VOM BLECH!

CRANBERRY-SOFTCOOKIES

FÜR DEN TEIG
60 g getrocknete Cranberrys
225 g Margarine*
120 g Zucker
100 g Puderzucker
1 Prise Salz
1 Bio-Limette
1 gestrichener TL Backpulver
240 g Weizenmehl (Type 405)
1/2 TL Bourbonvanillepulver
1 EL geröstete Kokoschips

AUSSERDEM
Backpapier für die Bleche

FÜR 36 STÜCK
Zubereitungszeit: ca. 1 Std. 10 Min.
Backzeit: ca. 14 Min. pro Blech
Pro Stück ca. 100 kcal, 1 g EW, 5 g F, 12 g KH

MIT WEICHEM KERN

1 Die getrockneten Cranberrys mittelfein hacken. Die Margarine mit beiden Zuckersorten und Salz in einer Schüssel mit den Quirlen des Handrührgeräts auf mittlerer Stufe schaumig rühren.

2 Die Limette heiß abwaschen, abtrocknen, die Schale abreiben (den Saft anderweitig verwenden). Limettenschale, Backpulver, Mehl und Vanille mischen, esslöffelweise zur Margarine-Zucker-Mischung geben und mit den Quirlen des Handrührgeräts gut einarbeiten. Zuletzt die Cranberrys und die Kokoschips unterheben.

3 Den Backofen auf 180° vorheizen. Drei Bleche mit Backpapier belegen und mit einem Teelöffel auf jedes zwölf Teighäufchen setzen. Die Bleche nacheinander in den Backofen (Mitte) geben und die Cookies jeweils 12–14 Min. backen, bis die Ränder ganz leicht gebräunt sind. Die fertigen Cookies herausnehmen, das Backpapier mit den Cookies auf einen Rost legen und die Plätzchen abkühlen lassen.

MEIN AUSTAUSCHTIPP

Wenn Sie frische Preiselbeeren bekommen, verwenden Sie doch mal 80 g davon statt der getrockneten Cranberrys! Sie machen die Cookies noch saftiger. Frische Beeren sollten Sie gut verlesen, in stehendem Wasser vorsichtig waschen, gut abtropfen lassen und vor dem Hacken trocken tupfen.

ACHTUNG, SUCHTGEFAHR! DIESE KEKSE BLEIBEN SO SCHÖN SOFT, DASS SIE AUF DER ZUNGE ZERGEHEN.

HALLO FRÜHLING!

HOLUNDERBLÜTEN-KEKSE

FÜR DAS HOLUNDERGELEE
1 Bio-Zitrone
100 ml Holunderblütensirup
1/2 TL Pfeilwurzelstärke*

FÜR DEN TEIG
150 g Weizenmehl (Type 405)
60 g Zucker
1/4 TL Salz
1/2 TL Backpulver
1 TL Bourbonvanillepulver
100 g gefrorene oder kalte Margarine*
(siehe Tipp S. 66)

AUSSERDEM
Backpapier für die Bleche
Weizenmehl zum Verarbeiten

FÜR CA. 30 STÜCK
Zubereitungszeit: ca. 40 Min.
Kühlzeit: ca. 30 Min.
Backzeit: ca. 15 Min.
Pro Stück ca. 55 kcal, 1 g EW, 3 g F, 7 g KH

1 Für das Holundergelee die Zitrone heiß abwaschen, abtrocknen, die Schale abreiben und den Saft auspressen. Den Saft in einem Topf mit Holunderblütensirup und Stärke verrühren, aufkochen und ca. 1 Min. kochen lassen. Die Mischung vom Herd ziehen und abkühlen lassen, dabei gelegentlich umrühren.

2 Für den Teig Mehl, Zucker, Salz, Backpulver und Vanille mit der Zitronenschale in einer Schüssel vermischen. Die gefrorene Margarine darüberreiben oder kalte Margarine in Flöckchen zugeben und alles mit den Knethaken des Handrührgeräts oder den Händen rasch krümelig mischen.

3 Nach und nach 3–4 EL eiskaltes Wasser zufügen, bis sich die Krümel zusammenklumpen. Alles mit den Händen schnell verkneten, den Teig zur einer Kugel formen, etwas flach drücken und in Frischhaltefolie gewickelt 30 Min. kalt stellen.

4 Den Backofen auf 180° vorheizen. Zwei Bleche mit Backpapier belegen. Aus dem Teig Kugeln formen (Ø ca. 5 cm) und auf die Bleche setzen. Die Kugeln zu ca. 0,7 cm dicken Plätzchen flach drücken (das geht am besten mit dem bemehlten Boden eines Wasserglases) und in jedes mit dem Finger eine Mulde drücken. Das abgekühlte Holundergelee in die Löcher verteilen.

5 Das erste Blech in den Ofen (Mitte) schieben und die Kekse ca. 15 Min. backen. Das zweite Blech ebenso abbacken. Die fertigen Kekse auf einem Kuchengitter vollständig auskühlen lassen.

HOLUNDERBLÜTENSIRUP FOR THE WIN! DAS GELEE IST SUPERSCHNELL GEMACHT UND GIBT DEN KEKSEN DEN RICHTIGEN »FRÜHLINGSANSTRICH«.

CAKEPOPS

IM KLEIN-FORMAT

MIT MÖHREN

FÜR DEN TEIG
50 g junge Möhren
80 g Weizenmehl (Type 405)
1/2 TL Natron
1/3 TL Bourbonvanillepulver
70 g Zucker
1/3 TL Zimtpulver
1 Prise Salz
2 EL neutrales Pflanzenöl
4 EL Sojamilch*
1/2 TL Apfel- oder Weißweinessig*
50 g Sojaghurt*

FÜR DIE GLASUR
150 g Bitterkuvertüre (mind. 55 % Kakaoanteil)
4 EL Zuckerdekoration* (Perlen oder Streusel)

AUSSERDEM
1 kleine Springform (Ø ca. 16 cm)
neutrales Pflanzenöl für die Form
60 g ungesalzenes Erdnussmus (ersatzweise Mandel- oder Cashewmus)
16 Cakepop-Stiele oder Holzstäbchen
1 Schüssel, gefüllt mit Zucker

FÜR 16 STÜCK
Zubereitungszeit: ca. 1 Std.
Backzeit: ca. 25 Min.
Kühlzeit: ca. 1 Std. 10 Min.
Pro Stück ca. 130 kcal, 3 g EW, 13 g F, 16 g KH

1 Den Backofen auf 180° vorheizen. Die Form fetten. Für den Teig die Möhren waschen, putzen und möglichst mit Schale fein raspeln. Die restlichen Teigzutaten mit einem Rührlöffel oder den Quirlen des Handrührgeräts zu einem glatten Teig verarbeiten. Die Möhrenraspel unterheben. Den Teig in die Form füllen und im heißen Ofen (Mitte) ca. 25 Min. backen (Stäbchenprobe!).

2 Den Kuchen abkühlen lassen, aus der Form lösen und in einer Schüssel zerkrümeln. Das Nussmus über dem heißen Wasserbad ca. 2 Min. erwärmen. Die Teigkrümel mit dem Nussmus verrühren und die Mischung 10 Min. kalt stellen. Anschließend 16 walnussgroße Kugeln formen. Die Masse dabei leicht zusammendrücken.

3 Die Kuvertüre grob hacken, über dem heißen Wasserbad schmelzen und etwas abkühlen lassen, bis sie wieder etwas dickflüssiger geworden ist. Ein Ende der Cakepopstiele ca. 1 cm tief hineintauchen und mit der Schokoladenseite in die Teigkugeln stechen. Die Cakepops ca. 1 Std. kühl stellen.

4 Die Kuvertüre erneut erwärmen. Die Cakepops nacheinander in die Kuvertüre tauchen und rundum damit glasieren. Die Cakepopstiele schräg in den Zucker stecken, sodass die Kuvertüre über einem untergestellten Teller abtropfen kann. Die Glasur 5–10 Min. etwas fester werden lassen, dann glatt streichen und mit der Zuckerdeko bestreuen. Die fertigen Cakepops bis zum Servieren im Kühlschrank aufbewahren.

INNEN IM WEICHEN RÜHRTEIG VERBINDEN SICH MÖHREN, ZIMT UND VANILLE,

AUSSEN KNACKT DIE SCHOKOLADENGLASUR BEIM BISS IN DIE KUCHENLOLLIES. LECKER!

DA IST DER AUFWAND FÜR DIE MINIS SCHNELL VERGESSEN.

TONKA-TASTISCH!

WHOOPIES

----- MIT TONKACREME -----

FÜR DEN TEIG
300 g Weizenmehl (Type 405) oder Dinkelmehl (Type 630)
1 TL Natron
10 g Kakaopulver
40 g Zucker
1 Prise Salz
150 g weiche Margarine*
300 ml Sojamilch*
1 TL Apfel- oder Weißweinessig*

FÜR DIE CREME
100 g weiche Margarine*
130 g Puderzucker
15 g Speisestärke
1 Msp. frisch geriebene Tonkabohne
(Apotheke, Feinkostgeschäft oder Internetversand)
1–1 1/2 TL Sojamilch*
2 Msp. rote Lebensmittelfarbe*
(in Pastenform, nach Belieben)

AUSSERDEM
Backpapier für das Blech
Spritzbeutel mit großer Loch- oder Sterntülle

FÜR 24 STÜCK
Zubereitungszeit: ca. 45 Min.
Backzeit: ca. 7 Min. pro Blech
Pro Stück ca. 155 kcal, 2 g EW, 9 g F, 17 g KH

1 Für den Teig erst alle trockenen Zutaten miteinander vermengen, dann Margarine, Sojamilch und Essig zugeben. Alles mit einem Rührlöffel oder den Quirlen des Handrührgeräts rasch zu einem glatten Teig verarbeiten.

2 Den Backofen auf 180° vorheizen. Ein Backblech mit Backpapier auslegen. Den Teig in den Spritzbeutel geben und 16 Plätzchen von ca. 4 cm Durchmesser auf das Backpapier spritzen. (Sie können auch mit dem Löffel Teigkleckse aufs Blech setzen, aber gespritzt werden die Whoopies gleichmäßiger.)

3 Die Plätzchen im Backofen (Mitte) ca. 7 Min. backen, bis an einem hineingesteckten Holzstäbchen kein Teig mehr kleben bleibt. Inzwischen auf einen zweiten und dritten Bogen Backpapier jeweils weitere 16 Plätzchen spritzen. Die fertigen Plätzchen herausnehmen und mit dem Backpapier vom Blech auf ein Kuchengitter gleiten lassen. Den nächsten Bogen Backpapier auf das Blech ziehen, ebenso backen und den Vorgang für die dritte Portion wiederholen. Alle fertigen Plätzchen abkühlen lassen.

4 Für die Creme die Margarine in einer Schüssel mit den Quirlen des Handrührgeräts 10 Sek. glatt rühren. Puderzucker, Stärke und geriebene Tonkabohne hinzugeben und alles 20 Sek. verrühren. 1 TL Sojamilch und die Lebensmittelfarbe (falls verwendet) hinzufügen und unterarbeiten. Die Masse sollte nun anfangen, sich zu verbinden und cremiger zu werden. Falls nötig, noch einmal 1/2 TL Sojamilch hinzufügen. Die Creme 1 Min. auf mittlerer Stufe weiterrühren, bis sie locker und glänzend aussieht.

5 Auf den Unterseiten von 24 Plätzchen jeweils ca. 1 TL Creme verteilen – entweder mit einem Löffel oder mithilfe des Spritzbeutels. Die übrigen Plätzchen daraufsetzen und die Whoopies etwas zusammendrücken.

MEIN KLEINER LUXUS IM ALLTAG: DAS AROMA DER TONKABOHNE ERINNERT ETWAS AN VANILLE – NUR EDLER!

LUFTIGE LIEBLINGE

KRAPFEN

MIT KIRSCHFÜLLUNG

FÜR DEN TEIG

300 ml Sojamilch*
500 g Weizenmehl (Type 550) oder Dinkelmehl (Type 630)
1/2 Würfel Frischhefe (ca. 20 g, ersatzweise 1 Pck. Trockenhefe)
50 g Zucker
1/2 TL Bourbonvanillepulver
1 Prise Salz

FÜR DIE FÜLLUNG

220 g Sauerkirschen
(ersatzweise 200 g TK-Sauerkirschen, aufgetaut, abgetropft)
1/3 TL Pfeilwurzelstärke*
3 EL Agavendicksaft*
1 EL Kirschwasser (nach Belieben)

AUSSERDEM

neutrales Pflanzenöl für das Backblech
4 EL Zucker und 1/3 TL Zimtpulver zum Wälzen
1,5–2 l neutrales Pflanzenöl zum Frittieren
1 Gebäckspritze oder 1 Spritzbeutel mit langer Tülle

FÜR 20 STÜCK

Zubereitungszeit: ca. 40 Min.
Gehzeit: ca. 3 Std. 10 Min.
Pro Stück ca. 185 kcal, 4 g EW, 7 g F, 27 g KH

1 Für den Hefeteig die Sojamilch lauwarm erhitzen. Das Mehl in eine Schüssel geben, die Frischhefe und 1 TL Zucker in eine Mulde in die Mitte geben und mit ein wenig Sojamilch verrühren. Den Vorteig an einem warmen Ort abgedeckt 10 Min. gehen lassen.

2 Die übrigen Teigzutaten zum Vorteig geben und alles mit den Knethaken des Handrührgeräts 1 Min. auf niedriger Stufe vermischen, dann 3–4 Min. auf mittlerer Stufe weiterkneten. Den Teig abgedeckt an einem warmen Ort ca. 2 Std. gehen lassen, bis er sein Volumen verdoppelt hat.

3 In der Zwischenzeit frische Kirschen waschen, entstielen und entkernen. Frische oder TK-Kirschen mit den übrigen Zutaten für die Füllung pürieren. Das Püree unter Rühren aufkochen und abkühlen lassen.

4 Ein Backblech einfetten. Aus dem Teig 20 Kugeln (Ø 4–5 cm) formen und auf das Backblech setzen. Die Kugeln mit etwas lauwarmem Wasser bepinseln und nochmals an einem warmen Ort 40–60 Min. auf doppelte Größe aufgehen lassen.

5 Zucker und Zimt vermischen. Das Öl in einem hohen Topf erhitzen, bis an einem hineingehaltenen Holzstäbchen Blasen aufsteigen. Die Teigkugeln portionsweise ins heiße Öl geben – die Krapfen müssen noch genügend Platz zum Aufgehen haben.

6 Die Krapfen 1–2 Min. ausbacken, mit einer Schaumkelle wenden und noch einmal 1–2 Min. frittieren, dann herausheben und auf Küchenpapier entfetten. Das Sauerkirschpüree in eine Gebäckspritze mit langer Tülle geben und die Krapfen damit füllen. Die Krapfen in der Zucker-Zimt-Mischung wenden.

MEIN AUSTAUSCHTIPP

Falls Sie weder Tiefkühl- noch frische Kirschen finden können, funktioniert dieses Rezept auch mit Schattenmorellen aus dem Glas.

SAHNE-WINDBEUTEL

FÜR DIE BRANDMASSE
150 ml Sojamilch*
80 g Margarine*
125 g Weizenmehl (Type 405) oder Dinkelmehl (Type 630)
180 g veganes »Eiweiß«
(siehe Rezept S. 18)

FÜR DIE FÜLLUNG
150 ml kalte aufschlagbare Pflanzensahne*
1/2 TL Pfeilwurzelstärke* (falls nötig)
2-3 EL Agavendicksaft* (je nach gewünschter Süße)
2 Msp. Bourbonvanillepulver

AUSSERDEM
1 Spritzbeutel mit großer Stern- oder Lochtülle
Backpapier für das Blech
1 EL Puderzucker zum Bestäuben

FÜR 10 STÜCK
Zubereitungszeit: ca. 35 Min.
Backzeit: ca. 55 Min.
Pro Stück ca. 205 kcal, 2 g EW, 23 g F, 24 g KH

1 Sojamilch, Margarine und 150 ml Wasser in einem Topf erhitzen, bis die Margarine geschmolzen ist. Das Mehl auf einmal dazugeben und 1–2 Min. mit einem Holzlöffel rühren, bis sich die Masse zusammenballt und sich am Topfboden ein weißer Film absetzt (siehe auch Fotos auf S. 185). 1 Min. weiterrühren und die Brandmasse zum Abkühlen in eine Schüssel füllen.

2 Esslöffelweise das »Eiweiß« zur lauwarmen Masse geben und jeweils gründlich mit den Knethaken des Handrührgeräts oder mit einer Gabel unterarbeiten.

3 Den Backofen auf 160° Umluft (empfohlen, sonst 180° Ober-/Unterhitze) vorheizen. Ein Blech mit Backpapier belegen. Die Brandmasse in einen Spritzbeutel mit Stern- oder Lochtülle füllen. 10 Windbeutel (Ø ca. 6 cm) mit reichlich Abstand auf das Blech spritzen.

4 Die Windbeutel im Backofen (2. Schiene von oben) ca. 55 Min. backen, bis sie leicht gebräunt sind. (Bei Ober-/Unterhitze müssen die beiden Bleche nacheinander abgebacken werden.) Dann die Ofentür leicht ankippen und die Windbeutel abkühlen lassen.

5 Die Sahne aufschlagen. Falls sie nicht fest genug wird, die Pfeilwurzelstärke untermischen. Die Sahne mit dem Agavendicksaft etwas süßer als gewohnt abschmecken. Das Bourbonvanillepulver unterheben.

6 Die Creme in den (gereinigten) Spritzbeutel geben, die Windbeutel halbieren und die Creme hineinspritzen. Die Windbeutel mit Puderzucker bestäuben.

MEIN ERFOLGSTIPP

Ganz wichtig: Öffnen Sie auf keinen Fall die Ofentür, während die Windbeutel backen! Sie sind anfangs noch sehr instabil und können leicht zusammenfallen.

BRANDTEIG OHNE EI? KAUM ZU GLAUBEN, ABER DAS GEHT!

DAS GEHEIMNIS IST DAS TAPIOKA-»EIWEISS«.

SÜSSE SÜNDE!

DIE CRONUTS

DER VEGANISTA

FÜR DEN HEFETEIG

280 ml Sojamilch*
500 g Weizenmehl (Type 550) oder Dinkelmehl (Type 630)
100 g gemahlene Mandeln
2 Pck. Trockenhefe
2 gestrichene TL Salz
1/2 TL Bourbonvanillepulver
80 g Zucker
40 g weiche Margarine*

AUSSERDEM

Weizen- oder Dinkelmehl zum Verarbeiten
300 g eiskalte Margarine*
2 runde Ausstecher (Ø 8 cm und 2 cm)
Backpapier für die Bleche
2 l neutrales Pflanzenöl zum Frittieren
1 Rezept Creme (siehe Rezepte S. 58/59)
3 EL Puderzucker zum Bestreuen

FÜR 12 STÜCK

Gehzeit: ca. 13 Stunden
Zubereitungszeit: ca. 3 Std.
Pro Stück (ohne Creme) ca. 490 kcal, 8 g EW, 68 g F, 38 g KH

1 Am Vortag für den Hefeteig die Sojamilch lauwarm erhitzen. Alle trockenen Zutaten in einer Schüssel miteinander vermischen. Weiche Margarine und lauwarme Sojamilch dazugeben und alles erst mit einem Löffelstiel mischen, dann mit den Händen 3–4 Min. zu einem elastischen Teig verkneten. Falls er klebt, wenig Mehl hinzufügen. Den Teig zur Kugel formen und zugedeckt ca. 3 Std. an einem warmen Ort aufgehen lassen, bis sich das Volumen verdoppelt hat.

2 In der Zwischenzeit die eiskalte Margarine zwischen zwei Lagen Frischhaltefolie auf 20 × 30 cm ausrollen und samt Folie kalt stellen.

3 Den Hefeteig mit Mehl bestäuben und auf 60 × 40 cm ausrollen. Die Margarineplatte hochkant in die Mitte legen und die freien Teigdrittel von links und rechts darüberschlagen, dabei die Enden leicht umschlagen. Den Teig nochmals leicht mit Mehl bestäuben und wieder auf die ursprüngliche Größe ausrollen, wieder die freien Teigdrittel über die Mitte schlagen und den Teig in Folie 10 Min. ins Gefrierfach legen.

4 Das Teigfalten und Ausrollen weitere drei Male wiederholen und den Teig jeweils zwischendurch kühlen. Den fertigen Blätterteig wieder falten und in Frischhaltefolie gewickelt mind. 8 Stunden oder über Nacht im Kühlschrank ruhen lassen.

5 Den Teig am folgenden Tag bei Zimmertemperatur 10 Min. entspannen lassen, dann auf wenig Mehl ca. 1,5 cm dick auf ca. 35 × 25 cm ausrollen. Mit dem größeren Ausstecher 12 Plätzchen ausstechen, mit dem kleinen in jedes mittig ein Loch stechen. Die Ringe auf ein Blech mit Backpapier setzen und ca. 2 Std. bei kühler Raumtemperatur (ca. 18° C) gehen lassen.

6 Das Öl in einem weiten Topf erhitzen, bis an einem hineingehaltenen Holzstäbchen sofort kleine Bläschen aufsteigen. Jeweils 2 Teiglinge von jeder Seite in 2–3 Min. bei mittlerer Hitze goldbraun ausbacken, herausheben und auf Küchenpapier entfetten. Die fertigen Cronuts nach Belieben mit Creme füllen oder bestreichen und mit Puderzucker bestreuen.

FÜR DIESE TREND-KRAPFEN MUSS NIEMAND NACH NEW YORK FLIEGEN.

ICH BACKE DIE TEIGLINGE AUCH GERN IM BACKOFEN, DANN SIND

DIE CRONUTS EIN BISSCHEN WENIGER ÜPPIG. 15–20 MIN. BEI 200° GENÜGEN.

ZITRONIG-
LUFTIG

ZITRONENCREME

FÜR CRONUTS

DIESE CREME IST INSPIRIERT VON DEM DESSERT »BERLINER LUFT« UND MACHT AUS NEW-YORK-CITY-CRONUTS GEBÄCK IM HAUPTSTADT-STIL.

100 ml + 2 EL kalte aufschlagbare Pflanzensahne*
1 kleine Bio-Zitrone
1 kleine Orange
80 g Zucker
20 g Speisestärke
1 Msp. Bourbonvanillepulver

AUSSERDEM

1 Spritzbeutel oder 1 Gebäckspritze mit langer Tülle

AUSREICHEND FÜR 12 CRONUTS

Zubereitungszeit: ca. 25 Min.
Pro Portion ca. 70 kcal, 0 g EW, 2 g F, 11 g KH

1 Für die Zitronencreme 100 g Sahne aufschlagen und kalt stellen. Die Zitrone heiß abwaschen, abtrocknen und die Schale abreiben. Zitrone und Orange auspressen. Die Saftmischung mit Wasser auf 250 ml auffüllen.

2 Zwei Drittel der Flüssigkeit zusammen mit Zucker und Zitronenschale aufkochen. Die Stärke mit der übrigen Saftmischung glatt rühren und unter Rühren in die kochende Flüssigkeit geben. Alles 2 Min. köcheln lassen, vom Herd ziehen und etwas abkühlen lassen.

3 Die übrigen 2 EL Pflanzensahne sowie die Vanille einrühren. Die Creme zugedeckt abkühlen lassen, dabei hin und wieder umrühren, damit sich keine Haut bildet.

4 Die aufgeschlagene Sahne unter die Zitronencreme heben und die Creme in einen Spritzbeutel oder eine Gebäckspritze mit langer Tülle füllen. Die Cronuts von oben jeweils dreimal mit der Tülle einstechen und eine haselnussgroße Menge der Creme hineindrücken.

SCHOKOCREME

FÜR CRONUTS

CRONUTS LASSEN SICH NICHT NUR FÜLLEN, SONDERN AUCH WUNDERBAR BESTREICHEN. ZUM BEISPIEL MIT DIESER ÜPPIGEN SCHOKOCREME!

1 Für die Creme die Sahne mit der Vanille erhitzen. In der Zwischenzeit die Schokolade fein hacken und zur heißen, aber nicht kochenden Sahne geben. Den Topf vom Herd ziehen und ca. 3 Min. stehen lassen. Schokolade und Sahne am besten mit einem Küchenspatel langsam vermischen, bis die Masse sämig ist und glänzt.

2 Die Schokoladencreme auf Zimmertemperatur abkühlen lassen, ca. 10 Min. ins Gefrierfach stellen und anschließend mit den Quirlen des Handrührgeräts ca. 1 Min. aufschlagen. Die fertige Creme mind. 1 Std. in den Kühlschrank stellen.

3 Die (ungefüllten) Cronuts mithilfe eines Messers oder einer Palette auf der Oberseite mit der Creme bestreichen und mit den Haselnüssen bestreuen.

MEINE PRAXISTIPPS

Diese Creme, eine sogenannte Ganache, eignet sich auch, um eine Torte (Ø 26 cm) zu umhüllen oder zu füllen. Falls die Ganache im Kühlschrank zu fest geworden ist, einfach 1 EL Pflanzenmilch oder -sahne unterrühren. Dann wird sie wieder geschmeidig.

CREMIG-HERB

FÜR DIE CREME

200 ml kalte aufschlagbare Pflanzensahne*
1 Msp. Bourbonvanillepulver
150 g Bitterschokolade (mind. 55 % Kakaoanteil)

AUSSERDEM

4 EL gehackte Haselnüsse

AUSREICHEND FÜR 12 CRONUTS

Zubereitungszeit: ca. 10 Min.
Kühlzeit: ca. 1 Std. 10 Min.
Pro Portion ca. 130 kcal, 1 g EW, 10 g F, 8 g KH

SCHOKOLADEN-MINITÖRTCHEN

----- MIT CHILI UND FLEUR DE SEL -----

FÜR DEN TEIG
170 g Buchweizenmehl
75 g Puderzucker
1 Prise Salz
100 g gefrorene oder kalte Margarine*
(siehe Tipp S. 66)

FÜR DIE FÜLLUNG
300 g Bitterschokolade* (mind. 55 % Kakaoanteil)
300 ml Pflanzensahne zum Kochen
1/3 TL Chilipulver
1/3 TL Fleur de Sel

AUSSERDEM
Margarine* für das Muffinblech oder
12 Silikonmuffinförmchen
Buchweizenmehl zum Verarbeiten

FÜR 1 MUFFINBLECH (12 TÖRTCHEN)
Zubereitungszeit: ca. 40 Min.
Kühlzeit: ca. 2 Std.
Backzeit: ca. 10 Min.
Pro Stück ca. 340 kcal, 4 g EW, 23 g F, 30 g KH

SUPER-SCHOKO-KICK

1 Für den Teig Mehl, Puderzucker und Salz mischen. Die gefrorene Margarine darüberreiben oder kalte Margarine in Flöckchen zugeben und alles mit den Knethaken des Handrührgeräts oder den Händen krümelig mischen. Nach und nach 1–2 EL eiskaltes Wasser zufügen, bis sich die Krümel zusammenklumpen. Alles mit den Händen schnell verkneten, den Teig zur Kugel formen und in Frischhaltefolie gewickelt 1 Std. in den Kühlschrank legen.

2 Den Backofen auf 180° vorheizen. Die Mulden des Muffinblechs (falls verwendet) fetten.

3 Den Teig in zwölf Portionen aufteilen. Die Portionen zwischen Frischhaltefolie oder auf wenig Mehl zu Kreisen von ca. 7 cm Ø ausrollen und in die Mulden des Muffinblechs oder in die Silikonförmchen legen. Überstehende Ränder abschneiden.

4 Die Böden mehrmals mit einer Gabel einstechen und im heißen Ofen (Mitte) in 8–10 Min. goldbraun backen. Die Törtchenböden herausnehmen und auf einem Kuchengitter abkühlen lassen. Falls nötig, hochgewölbten Teig mit den Fingern leicht herunterdrücken.

5 Die Schokolade sehr fein hacken. Die Pflanzensahne mit dem Chilipulver aufkochen und die Schokolade hineingeben. Die Mischung ca. 3 Min. stehen lassen, dann vorsichtig mit einem Teigspatel verrühren, bis eine glatte, cremige Ganache entstanden ist. Die Ganache gleichmäßig auf die Böden verteilen und mit jeweils 1 Prise Fleur de Sel betreuen.

6 Die Minitörtchen mind. 1 Std. an einem kühlen Ort (aber nicht im Kühlschrank) abkühlen lassen, damit die Ganache fest wird.

WEIHNACHT-
LICH

ZIMTTARTELETTS

MIT BRATAPFELSORBET

FÜR DAS SORBET
750 g süß-säuerliche Äpfel | 1 EL neutrales Pflanzenöl
2 Pck. Bourbonvanillezucker
1 Bio-Limette
60 ml Karamellsirup (z. B. Grafschafter, kein Getränkesirup)
1/2 TL Zimtpulver

FÜR DIE TARTELETTS
80 g Zucker | 40 g Puderzucker
240 g Weizenmehl (Type 405)
1/2 TL Backpulver
1 gehäufter TL Zimtpulver
1/2 TL Bourbonvanillepulver | 1 Prise Salz
120 g gefrorene oder kalte Margarine* (siehe Tipp S. 66)

AUSSERDEM
Margarine* für das Muffinblech
Weizenmehl zum Verarbeiten
1 Ausstechring (ca. 10 cm Durchmesser)
4 Stängel Minze oder Zitronenmelisse zum Garnieren

FÜR 1 MUFFINBLECH (12 TARTELETTS MIT EIS)
Zubereitungszeit: ca. 1 Std.
Kühlzeit: ca. 8 Std. 30 Min.
Backzeit: ca. 25 Min.
Pro Portion ca. 235 kcal, 2 g EW, 19 g F, 35 g KH

MEINE VORRATSTIPPS

Die Tarteletts bleiben, in einer Blechdose aufbewahrt, ca. 1 Woche knusprig. Das Sorbet können Sie im Tiefkühlfach 1-2 Monate aufbewahren.

1 Für das Sorbet am Vortag den Backofen auf 180° vorheizen. Die Äpfel waschen, abtrocknen, das Kerngehäuse ausstechen, die Äpfel dünn mit Öl bepinseln und im Vanillezucker wenden. Das Obst auf ein Backblech setzen und im Backofen (unten) 20–25 Min. backen, bis das Fruchtfleisch mürbe ist. Die Äpfel abkühlen lassen und mit dem Pürierstab fein pürieren.

2 Die Limette heiß abwaschen, abtrocknen, die Schale abreiben und den Saft auspressen. Beides mit Karamellsirup und Zimt zum Apfelpüree geben und alles erneut pürieren. Die Masse in ein verschließbares Gefäß füllen und mind. 8 Std. (oder über Nacht) einfrieren.

3 Für die Tarteletts alle trockenen Zutaten vermischen. Die gefrorene Margarine darüberreiben oder kalte Margarine in Flöckchen zugeben und alles krümelig mischen. 4–5 TL eiskaltes Wasser zufügen, bis sich die Krümel zusammenklumpen. Alles rasch zu einem glatten Teig verkneten, zu 12 Kugeln formen und diese zugedeckt ca. 30 Min. kalt stellen.

4 Den Backofen auf 190° vorheizen und das Muffinblech fetten. Die Teigkugeln jeweils zwischen zwei Lagen Frischhaltefolie oder auf wenig Mehl zu Kreisen von ca. 7 cm Ø ausrollen und in die Mulden des Muffinblechs drücken. Die Tarteletts im Backofen (Mitte) in 10–12 Min. goldbraun backen, herausnehmen und im Blech abkühlen lassen.

5 Das Sorbet ca. 30 Min. vor dem Servieren leicht antauen lassen. Die Minze oder Zitronenmelisse kalt abbrausen, trocken schütteln und die Blättchen abzupfen. Mit einem Eisportionierer Sorbetkugeln abstechen, in die Tarteletts setzen und mit den Kräuterblättchen garnieren.

ZARTES SORBET TRIFFT KNACKIGES TARTELETT:

ICH FINDE, MIT DIESEM DESSERT DARF DIE WEIHNACHTSZEIT GERN KOMMEN!

ENDLICH KAFFEEPAUSE!

KUCHEN FÜR IMMER UND JEDEN TAG

OHNE SÜSSE PAUSEN WÄRE DAS LEBEN NUR HALB SO SCHÖN.
HIER KOMMEN DIE EINFACH-UND-EINFACH-GUTEN KUCHEN
UND FRUCHTIGEN TARTES FÜRS SPONTANE SCHLEMMEN MIT FREUNDEN.
SETZEN SIE SCHON MAL DEN KAFFEE AUF!

MÜRBETEIG

GRUNDREZEPT

ZERGEHT AUF DER ZUNGE

300 g Weizenmehl (Type 405) oder Dinkelmehl (Type 630)
100 g Zucker | 1/2 TL Salz
1/2 TL Backpulver
200 g gefrorene oder sehr kalte Margarine* (siehe Tipp)

AUSSERDEM

Weizen- oder Dinkelmehl zum Verarbeiten
Margarine* für die Form oder Backpapier für das Blech

FÜR 1 SPRINGFORM (Ø 26-28 CM) ODER 30 PLÄTZCHEN

Zubereitungszeit: ca. 10 Min.
Kühlzeit: ca. 30 Min.
Bei 12 Kuchenstücken
pro Stück ca. 235 kcal, 3 g EW, 14 g F, 26 g KH
Bei 30 Plätzchen pro Stück ca. 95 kcal, 1 g EW, 5 g F, 10 g KH

MEINE KÜCHENPRAXISTIPPS

Für einen herzhaften Mürbeteigboden benötigen Sie nur 2 TL Zucker, 1 gestrichenen TL Salz und 150 g Margarine. Der Mürbeteigboden gelingt auch etwas schlanker, mit 150 g Margarine und 8-10 EL Wasser. Das Endergebnis ist dann allerdings nicht ganz so zart.

Ich arbeite bei Mürbeteig sehr gerne mit gefrorener Margarine - schließlich darf der Teig nicht zu warm werden. Kühlschrankkalte Margarine lässt sich einfach in 100-Gramm- Stücke schneiden und in Frischhaltefolie gewickelt einfrieren. Nach 2 Std. im Gefrierfach lässt sich die Margarine ganz einfach mit einer Küchenreibe raspeln.

1 Die trockenen Zutaten für den Teig in einer Schüssel vermischen. Die gefrorene Margarine auf einer Rohkostreibe über das Mehl raspeln (oder kalte Margarine in Flöckchen darübergeben) und alles mit den Knethaken des Handrührgeräts oder mit den Händen zu feinen Krümeln mischen.

2 Nach und nach unter Rühren 3–4 EL eiskaltes Wasser zufügen, bis sich die Krümel zu größeren Klumpen verbinden. Alles mit den Händen schnell verkneten, den Teig zu einer Kugel formen, flach drücken und in Frischhaltefolie gewickelt 30 Min. kalt stellen. Den Mürbeteig anschließend je nach Rezept weiterverarbeiten.

3 Für einen Tarteboden den Backofen auf 180° vorheizen und eine Spring- oder Tarteform (Ø 26–28 cm) fetten. Den Teig zwischen zwei Lagen Frischhaltefolie oder auf wenig Mehl ca. 1 cm dick ausrollen, in die Springform legen und dabei einen gleichmäßigen, ca. 4 cm hohen Rand formen. Den Boden mit einer Gabel mehrmals einstechen und im Backofen (Mitte) ca. 25 Min. backen, bis er leicht gebräunt ist. Den fertigen Tarteboden herausnehmen, abkühlen lassen und beispielsweise mit Obst (zum Beispiel Beeren) belegen.

4 Für einfache Mürbeteigplätzchen den Backofen auf 220° vorheizen. Den Teig zwischen zwei Lagen Frischhaltefolie oder auf wenig Mehl ca. 0,5 cm dick ausrollen und ca. 30 Plätzchen (Ø ca. 5 cm) ausstechen. Die Plätzchen auf ein Blech mit Backpapier legen und 7–10 Min. im Backofen (Mitte) backen, herausnehmen und auf einem Kuchengitter abkühlen lassen.

DIE MARGARINE SORGT FÜR ARKTISCHE TEMPERATUREN IM TEIG. SO IST ER NICHT NUR LEICHTER ZU HANDHABEN, SONDERN WIRD SPÄTER AUCH SCHÖN ZART!

APFEL-KUCHEN

OMAS KLASSIKER

FÜR DEN TEIG
300 g Weizenmehl (Type 405) oder Dinkelmehl (Type 630)
100 g Zucker
1/2 TL Salz
1/2 TL Bourbonvanillepulver
1/2 TL Backpulver
1 TL Zimtpulver
150 g gefrorene oder kalte Margarine*
(siehe Tipp S. 66)

FÜR DIE PUDDINGFÜLLUNG
3 EL Zucker
2 EL Speisestärke
1/2 TL Bourbonvanillepulver
250 ml Sojamilch*

FÜR DIE APFELFÜLLUNG
1 kg Äpfel
(säuerliche Sorten wie Boskop, Elstar, Jonagold)
1/2 Zitrone
2 EL Zucker
1 TL Zimtpulver
2 EL Speisestärke

AUSSERDEM
Weizen- oder Dinkelmehl zum Verarbeiten
Margarine* für die Form

FÜR 1 SPRINGFORM (Ø 26 CM, 12 STÜCKE)
Zubereitungszeit: ca. 30 Min.
Kühlzeit: ca. 30 Min.
Backzeit: ca. 40 Min.
Pro Stück ca. 290 kcal, 4 g EW, 22 g F, 44 g KH

1 Für den Teig alle trockenen Zutaten in einer Schüssel vermischen. Die gefrorene Margarine auf einer Rohkostreibe über das Mehl raspeln (oder kalte Margarine in Flöckchen darübergeben) und alles mit den Knethaken des Handrührgeräts oder mit den Händen krümelig mischen. Nach und nach 4–5 EL eiskaltes Wasser hinzugeben, bis sich die Krümel zusammenklumpen. Alles mit den Händen rasch verkneten. Den Teig zwischen zwei Lagen Frischhaltefolie oder auf wenig Mehl ca. 1 cm dick (Ø ca. 30 cm) ausrollen. Die Springform fetten. Den Teig in die Form legen, einen ca. 5 cm hohen Rand hochziehen und den Teigboden in der Form ca. 30 Min. in den Kühlschrank stellen.

2 Für die Puddingfüllung Zucker, Stärke und Vanille mit einem Drittel der Sojamilch glatt rühren. Die übrige Sojamilch aufkochen, die Stärkemischung zugeben und alles unter Rühren ca. 1 Min. bei schwacher Hitze köcheln lassen. Den Pudding vom Herd nehmen und abkühlen lassen, dabei gelegentlich umrühren, damit sich keine Haut auf der Oberfläche bildet.

3 Den Backofen auf 180° vorheizen. Für die Apfelfüllung die Äpfel waschen, vierteln und das Kerngehäuse entfernen. Die Apfelviertel in dünne Spalten schneiden. Die Zitrone auspressen. Zitronensaft, Zucker, Zimt und Stärke mit den Apfelspalten mischen.

4 Den Teigboden mit einer Gabel mehrmals einstechen und den Pudding darauf verteilen. Die Äpfel darübergeben und den Kuchen im Backofen (Mitte) 35–40 Min. backen, bis die Füllung goldbraun ist. Sollte sie zu schnell dunkel werden, einfach mit Alufolie abdecken.

5 Den Kuchen vollständig auskühlen lassen und erst dann aus der Form lösen.

IN DIESEM APFELKUCHEN SORGT FEINER PUDDING

FÜR EINE SAFTIGE FÜLLUNG – DAS KOCHEN GEHT AUCH OHNE FERTIGTÜTE GANZ EINFACH!

ZEBRA-KÄSEKUCHEN

MIT ERDBEEREN

SCHICK GESTREIFT

FÜR DEN BODEN
260 g Weizenmehl (Type 405) oder Dinkelmehl (Type 630)
100 g Zucker
1 Prise Salz
1/2 Pck. Backpulver
2 Msp. Bourbonvanillepulver
100 g gefrorene oder kalte Margarine* (siehe Tipp S. 66)

FÜR DIE FÜLLUNG
400 g Seidentofu*
400 g Erdbeeren
60 g Margarine*
400 ml kalte Kokosmilch*
2 Bio-Zitronen | 150 g Zucker
100 g Speisestärke
1 TL Bourbonvanillepulver
400 g Tofu* natur

AUSSERDEM
Weizen- oder Dinkelmehl zum Verarbeiten
Margarine* für die Form

FÜR 1 SPRINGFORM (26–28 CM Ø, 12 STÜCKE)
Zubereitungszeit: ca. 50 Min.
Kühlzeit: ca. 30 Min.
Backzeit: ca. 1 Std.
Pro Stück ca. 400 kcal, 9 g EW, 20 g F, 47 g KH

1 Für den Teig alle trockenen Zutaten vermischen. Gefrorene Margarine darüberreiben oder kalte Margarine in Flöckchen zugeben und alles mit den Knethaken des Handrührgeräts oder den Händen krümelig mischen. Nach und nach 3–4 EL eiskaltes Wasser zufügen und alles schnell verkneten. Den Teig zwischen zwei Lagen Frischhaltefolie oder auf wenig Mehl auf ca. 30 cm Ø ausrollen. Die Form fetten, den Teig hineinlegen und einen kleinen Rand hochziehen. Den Teigboden mit der Form ca. 30 Min. kalt stellen.

2 Nach ca. 30 Min. den Seidentofu für die Füllung in ein mit Küchenpapier ausgelegtes Sieb geben und mind. 10 Min. abtropfen lassen.

3 Die Erdbeeren waschen und die Stielansätze entfernen. Die Margarine schmelzen und wieder etwas abkühlen lassen. Die Kokosmilchdose öffnen und die oben abgesetzte feste Kokoscreme abheben (die übrige Kokosmilch anderweitig verwenden). Die Zitronen heiß abwaschen und abtrocknen, die Schale fein abreiben und den Saft auspressen. Saft und Schale mit der flüssigen Margarine, der Kokoscreme und allen weiteren Füllungszutaten bis auf die Erdbeeren glatt pürieren. Die Hälfte der Creme mit den Erdbeeren noch einmal pürieren.

4 Den Ofen auf 180° vorheizen. Die beiden Cremes abwechselnd als Streifen nebeneinander auf den Teigboden geben. Alternativ für ein Spiralmuster immer abwechselnd 2 EL von der einen und 2 EL von der anderen Creme übereinander in die Mitte des Bodens füllen, bis beide Cremesorten verbraucht sind.

5 Den Kuchen im heißen Ofen (Mitte) ca. 1 Std. backen, bis an einem hineingestochenen Stäbchen keine Käsemasse mehr kleben bleibt. Den Kuchen abkühlen lassen und erst dann aus der Form lösen.

MEIN VERWANDLUNGSTIPP

Ohne Zebrastreifen geht's auch! Sie können auch einfach 250 g Erdbeeren nur halbieren und nicht pürieren, ein Drittel der Käsemasse auf dem Boden verteilen, die Erdbeeren darauflegen und die übrige Creme darübergießen. Die Backzeit bleibt gleich.

MEIN KÄSEKUCHEN MIT TOFU IST NOCH IMMER DAS MITBRINGSEL BEI FREUNDEN.

HIER VERKLEIDET ER SICH ZUR ABWECHSLUNG ALS FRUCHTIGES ERDBEER-ZEBRA.

MARMOR-KUCHEN

FÜR DEN RÜHRTEIG
50 g Bitterschokolade (mind. 55 % Kakaoanteil)
250 g Dinkelmehl (Type 1050)
200 g Zucker
2 gestrichene TL Natron
1/2 TL Bourbonvanillepulver
1 Prise Salz
80 ml neutrales Pflanzenöl
50 ml Sojamilch*
150 g ungesüßter Sojaghurt*
2 TL Apfel- oder Weißweinessig*

FÜR DIE GLASUR
150 g Bitterkuvertüre (mind. 55 % Kakaoanteil)
2 EL Haselnusskrokant

AUSSERDEM
neutrales Pflanzenöl für die Form

FÜR 1 GUGELHUPFFORM (16 STÜCKE)
Zubereitungszeit: ca. 20 Min.
Backzeit: ca. 40 Min.
Pro Stück ca. 225 kcal, 4 g EW, 10 g F, 29 g KH

GEHT IMMER!

1 Für den Teig die Schokolade hacken, über dem Wasserbad schmelzen und wieder etwas abkühlen lassen. Den Backofen auf 180° vorheizen. Die Form fetten.

2 Alle trockenen Teigzutaten in einer Schüssel vermischen. Die feuchten Zutaten hinzugeben und alles mit einem Rührlöffel oder den Quirlen des Handrührgeräts rasch zu einem glatten Teig verrühren.

3 Den Teig auf zwei Schüsseln aufteilen. Unter die eine Teighälfte die geschmolzene Schokolade rühren.

4 Den hellen Teig in die Form füllen, den dunklen daraufgeben. Eine Gabel in kreisförmigen Bewegungen durch beide Teigschichten ziehen, damit das typische Marmormuster entsteht.

5 Den Kuchen im Backofen (Mitte) 35–40 Min. goldbraun backen, bis an einem hineingesteckten Holzstäbchen kein Teig mehr kleben bleibt. Den fertigen Kuchen herausnehmen und in der Form vollständig auskühlen lassen. Erst dann stürzen.

6 Für die Glasur die Kuvertüre hacken und über dem Wasserbad schmelzen. Den Kuchen mithilfe eines Backpinsels mit der Glasur überziehen und mit Krokant bestreuen. Die Glasur fest werden lassen.

DER IST EIN ECHTER KLASSIKER: MARMORKUCHEN BEGLEITET MICH SEIT MEINER KINDHEIT UND SCHMECKT VEGAN NATÜRLICH GENAUSO LECKER WIE FRÜHER.

GEMÜSE-KUCHEN IN SÜSS

ROTE-BETE-RÜHRKUCHEN

FÜR DEN TEIG
1 mittelgroße Rote Bete (ca. 150 g)
1 Bio-Orange
250 g Weizenmehl (Type 405) oder Dinkelmehl (Type 630)
2 gestrichene TL Natron
180 g Zucker | 1 Prise Salz
1 TL Apfel- oder Weißweinessig*
80 ml neutrales Pflanzenöl
100 ml Sojamilch*
100 ml Sprudelwasser

FÜR DEN ZUCKERGUSS
5 EL Puderzucker
3 TL Rote-Bete-Pulver
(ersatzweise 2 EL Rote-Bete- oder Heidelbeersaft)

AUSSERDEM
neutrales Pflanzenöl für die Form

FÜR 1 GUGELHUPFFORM (16 STÜCKE)
Zubereitungszeit: ca. 40 Min.
Backzeit: ca. 35 Min.
Pro Stück ca. 170 kcal, 2 g EW, 5 g F, 29 g KH

MEIN EINKAUFSTIPP

Rote-Bete-Pulver finden Sie leider noch nicht im Supermarkt um die Ecke, sondern nur im Internet. Allerdings lohnt sich der Kauf dieser natürlichen Lebensmittelfarbe, denn sie färbt Glasuren, Puddings & Co. schön pink – und das ganz ohne E-Stoffe! Backstabil ist sie allerdings nicht. Für einen knallpinken Kuchen benötigen Sie herkömmliche Lebensmittelfarbe*.

1 Die Rote Bete putzen und nur falls nötig schälen, ansonsten unter fließendem Wasser gut abbürsten. Die Knolle in kleine Würfel schneiden und in einem Topf knapp mit Wasser bedecken. Das Gemüse bei schwacher Hitze zugedeckt ca. 20 Min. garen, bis es sehr weich ist, in ein Sieb abgießen und in eine Schüssel geben. Die Rote Bete mit dem Pürierstab oder im Mixer sehr fein pürieren und etwas abkühlen lassen.

2 Inzwischen die Orange heiß abwaschen, trocknen, die Schale abreiben und den Saft auspressen.

3 Den Backofen auf 200° vorheizen. Die Form fetten. Mehl, Natron, Zucker und Salz vermengen. Essig, Öl, Sojamilch, Sprudelwasser, Orangensaft und -schale zufügen und alles mit einem Rührlöffel oder den Quirlen des Handrührgeräts zu einem glatten Teig verrühren. Das Rote-Bete-Püree zum Teig geben und gut unterarbeiten.

4 Den Teig in die Form füllen und den Kuchen im Backofen (unten) 30–35 Min. backen, bis an einem hineingesteckten Holzstäbchen kein Teig mehr kleben bleibt. Den Kuchen herausnehmen und vollständig auskühlen lassen, erst dann aus der Form stürzen.

5 Für den Guss den Puderzucker mit dem Rote-Bete-Pulver und 2 EL Wasser (oder mit dem Saft) vermischen und den Kuchen mithilfe eines Backpinsels mit der Glasur bestreichen.

GEMÜSE IM KUCHEN? OH JA, UND ZWAR OHNE DASS ES NACH ROHKOST SCHMECKT!

DIE ROTE BETE SORGT HIER EINFACH FÜR EINEN BESONDERS SAFTIGEN TEIG.

SHARON-WALNUSS-KUCHEN

KERNIG

FÜR DEN TEIG
1 Sharonfrucht (ca. 300 g)
200 g Dinkelvollkornmehl
70 g Zucker
1 leicht gehäufter TL Natron
1/2 TL Bourbonvanillepulver
1/2 TL Zimtpulver
40 ml neutrales Pflanzenöl
1 TL Apfel- oder Weißweinessig*
200 ml Sojamilch*

FÜR DIE GLASUR
70 g Walnusskerne
100 g Zartbitterkuvertüre
1/2 TL Bourbonvanillepulver
1 Prise frisch geriebene Muskatnuss
1 Msp. Zimtpulver

AUSSERDEM
neutrales Pflanzenöl für die Form

FÜR 1 KASTENFORM (25 CM, 14 STÜCKE)
Zubereitungszeit: ca. 50 Min.
Backzeit: ca. 40 Min.
Pro Stück ca. 185 kcal, 4 g EW, 9 g F, 22 g KH

1 Den Backofen auf 180° vorheizen und die Form fetten. Die Sharonfrucht waschen und den Stielansatz entfernen. Die Frucht mit Schale in ca. 1 cm große Würfel schneiden.

2 Die trockenen Zutaten für den Teig vermischen. Öl, Essig und Sojamilch hinzugeben und alles mit einem Rührlöffel zu einem glatten Teig verarbeiten (oder mit den Quirlen des Handrührgeräts ca. 1 Min. vermischen). Die Sharonwürfel unterheben.

3 Den Teig in die Form füllen und den Kuchen im Backofen (Mitte) 35–40 Min. backen, bis an einem hineingesteckten Holzstäbchen kein Teig mehr kleben bleibt.

4 Den fertigen Kuchen herausnehmen, vollständig auskühlen lassen und erst dann aus der Form stürzen.

5 Die Walnüsse in der Pfanne ohne Fett unter Rühren anrösten, bis sie duften, abkühlen lassen und grob hacken. Die Kuvertüre ebenfalls grob hacken und über dem Wasserbad schmelzen. Die geschmolzene Kuvertüre mit Vanille, Muskat und Zimt würzen und zwei Drittel der Walnüsse unterrühren.

6 Die Nussglasur mittig auf dem Kuchen verteilen, dabei an den Seiten einen Rand von ca. 2 cm lassen. Die übrigen Walnüsse dekorativ daraufstreuen und die Kuvertüre vor dem Anschneiden erkalten lassen.

DIE SHARONFRUCHT IST EINE ZUCHTFORM DER KAKI: SIE SCHMECKT AUCH ALS HARTE FRUCHT NICHT HERB UND HAT EINE WEICHE, ESSBARE SCHALE. DIE IDEALE KUCHENFRUCHT ALSO!

BRATBIRNENKUCHEN

MIT KARDAMOM

350 g feste Birnen
1 TL + 100 ml neutrales Pflanzenöl
200 g Zucker
1 TL Zimtpulver
1 Bio-Zitrone
1 Bio-Orange
2 Msp. gemahlener Kardamom
500 g Weizenvollkornmehl
2 TL Natron
2 TL Apfel- oder Weißweinessig*
200 ml Sojamilch*

AUSSERDEM

Backpapier für das Blech
neutrales Pflanzenöl für die Form

FÜR 1 KASTENFORM (30 CM, 14 STÜCKE)

Zubereitungszeit: ca. 30 min.
Backzeit: ca. 50 Min.
Pro Stück ca. 250 kcal, 5 g EW, 8 g F, 38 g KH

FEINWÜRZIG

1 Den Backofen auf 200° vorheizen und ein Backblech mit Backpapier auslegen. Die Birnen waschen, halbieren, das Kerngehäuse entfernen und die Birnenhälften außen mit 1 TL Öl einpinseln. Zucker und Zimt in einer Schale mischen und die Birnenhälften hineindrücken, sodass der Zimt-Zucker an der Schale kleben bleibt.

2 Die Birnenhälften auf das Blech legen und im heißen Ofen (Mitte) ca. 15 Min. backen, bis der Zucker leicht karamellisiert ist. Die Birnen herausnehmen, abkühlen lassen und mit Schale in ca. 2 cm große Würfel schneiden. Den Ofen auf 180° herunterschalten. Die Form fetten.

3 In der Zwischenzeit die Zitrusfrüchte heiß abwaschen, trocknen und die Schale fein abreiben (den Saft anderweitig verwenden). Zitronen- und Orangenschale, übrigen Zimtzucker und Kardamom mit Mehl und Natron mischen. 100 ml Öl, Essig und Sojamilch zugeben und alles mit einem Rührlöffel oder den Quirlen des Handrührgeräts rasch zu einem glatten Teig verrühren. Die Birnenwürfel unterheben.

4 Den Teig in die Form füllen und den Kuchen im Ofen (unten) ca. 50 Min. backen, bis an einem hineingesteckten Holzstäbchen kein Teig mehr kleben bleibt.

KARDAMOM GIBT DIESEM KUCHEN DIE UNGEWÖHNLICH WÜRZIGE NOTE.

WEIL DIE BIRNEN VORHER GEBACKEN WERDEN, SCHMECKEN SIE EXTRA-KARAMELLIG.

PFLAUMENBROT

MIT VOLLKORN

FÜRS SÜSSE FRÜHSTÜCK

FÜR DEN HEFETEIG

150 ml Sojamilch*
250 g Dinkelvollkornmehl (Type 1050)
1/4 Würfel frische Hefe (ca. 10 g; ersatzweise 3 g Trockenhefe)
80 g Zucker
1 Prise Salz
1/2 TL Bourbonvanillepulver
1 TL Zimtpulver
1 EL neutrales Pflanzenöl

FÜR DIE FÜLLUNG

500 g Pflaumen
3 EL Zucker
1 TL Zimtpulver
1/2 Bio-Zitrone
200 g Seidentofu*

AUSSERDEM

Dinkelvollkornmehl zum Verarbeiten
Backpapier für die Form
1 EL Puderzucker zum Bestäuben

FÜR 1 KASTENFORM (30 CM, 14 STÜCKE)

Zubereitungszeit: ca. 30 Std.
Gehzeit: ca. 2 Std. 40 Min.
Backzeit: ca. 50 Min.
Pro Stück ca. 135 kcal, 4 g EW, 2 g F, 26 g KH

MEIN VERWANDLUNGSTIPP

Das Brot lässt sich durch die besondere Form wunderbar in sechs Teile aufteilen und so auch portionsweise einfrieren. Probieren Sie diese süße Brotvariante auch mal mit Äpfeln, Birnen oder Beeren!

1 Für den Hefeteig die Sojamilch lauwarm erhitzen. Das Mehl in eine Schüssel füllen, die Hefe und 1 TL Zucker in eine Mulde in die Mitte geben und mit 3 EL Sojamilch verrühren. Den Vorteig an einem warmen Ort abgedeckt 10 Min. gehen lassen.

2 Die übrigen Teigzutaten zum Vorteig geben und alles mit den Knethaken des Handrührgeräts oder einem Holzlöffel kurz vermischen, dann auf wenig Mehl glatt kneten. Den Teig abgedeckt an einem warmen Ort 2 Std. gehen lassen, bis er sein Volumen verdoppelt hat.

3 Inzwischen die Pflaumen waschen, entsteinen und ca. 0,5 cm groß würfeln. Mit 1 EL Zucker und dem Zimtpulver vermischen.

4 Den Teig auf der bemehlten Arbeitsfläche zu einem Rechteck ausrollen (ca. 40 × 50 cm, 1 cm dick). Den ausgerollten Teig mit einem feuchten Tuch bedeckt ca. 30 Min. gehen lassen.

5 Den Backofen auf 180° vorheizen. Die Zitronenhälfte heiß abwaschen, abtrocknen, die Schale abreiben und den Saft auspressen. Schale, Saft, 2 EL Zucker und den Seidentofu fein pürieren und den Saft, den die Pflaumen gezogen haben, unterrühren. Die Tofucreme auf dem Hefeteig verstreichen, die Pflaumenwürfel darauf verteilen und den Teig von der langen Seite her aufrollen. Die entstandene Rolle mit einem Messer in sechs gleich große Stücke schneiden.

6 Die Form mit Backpapier auslegen und die Rollen aufrecht nebeneinander hineinsetzen. Das Pflaumenbrot im Backofen (Mitte) 45–50 Min. goldbraun backen, herausnehmen, auskühlen lassen, aus der Form lösen und mit Puderzucker bestäuben.

CRANBERRY-STREUSELKUCHEN

MIT ROSMARIN

FÜR DEN TEIG
250 ml Sojamilch*
1/2 Würfel Frischhefe (ca. 20 g)
2 Pck. Bourbonvanillezucker
500 g Weizenmehl (Type 550)
70 g Zucker
1 Prise Salz
80 ml neutrales Pflanzenöl

FÜR DIE STREUSEL
5–6 junge Rosmarinnadeln
160 g Weizenmehl (Type 550)
100 g gehackte Mandeln
80 g Puderzucker
120 g kalte Margarine*

AUSSERDEM
100 g getrocknete Cranberrys
Weizenmehl zum Verarbeiten
Backpapier für Blech oder Form

FÜR 1 BACKBLECH (24 STÜCKE)
Zubereitungszeit: ca. 45 Min.
Gehzeit: ca. 2 Std. 25 Min.
Backzeit: ca. 35 Min.
Pro Stück ca. 230 kcal, 4 g EW, 10 g F, 31 g KH

1 Die Cranberrys in einem Schüsselchen mit 300 ml lauwarmem Wasser übergießen und abgedeckt quellen lassen.

2 Für den Teig die Sojamilch lauwarm erhitzen. Die Hefe etwas zerbröseln, mit dem Vanillezucker bestreuen und mit der lauwarmen Milch übergießen. Die Mischung ca. 5 Min. stehen lassen, bis die Hefe Blasen schlägt.

3 Alle trockenen Teigzutaten in einer Schüssel vermischen und das Öl sowie die Hefemischung hinzugeben. Alles mit den Knethaken des Handrührgeräts oder mit dem Stiel eines Rührlöffels vermischen, bis sich große Klumpen bilden. Dann den Teig auf der bemehlten Arbeitsfläche in ca. 2 Min. mit den Händen glatt kneten, zu einer Kugel formen, mit wenig Mehl bestäuben und abgedeckt ca. 2 Std. an einem warmen Ort gehen lassen, bis er sein Volumen verdoppelt hat.

4 Für die Streusel die Rosmarinnadeln sehr fein hacken. Mehl, Mandeln und Puderzucker mischen und die kalte Margarine in Flocken hinzugeben. Alles rasch mit den Händen zu einem glatten Teig verarbeiten und bis zur Verwendung in den Kühlschrank stellen.

5 Backblech oder Backform mit Backpapier auslegen und den gegangenen Teig darauf mit den Händen verteilen. Die Teigoberfläche mithilfe eines Backpinsels mit 1–2 EL lauwarmem Wasser bestreichen.

6 Die Cranberrys durch ein Sieb abgießen und gleichmäßig auf dem Teig verteilen, dabei etwas andrücken. Den Kuchen nochmals zugedeckt ca. 20 Min. an einem warmen Ort gehen lassen.

7 Den Backofen auf 170° vorheizen. Den Streuselteig mit den Fingern in Streusel reißen und auf dem Cranberry-Hefeteig-Boden verteilen.

8 Den Kuchen im Backofen (Mitte) 30–35 Min. backen, bis die Streusel goldbraun geworden sind, dann herausnehmen und abkühlen lassen.

MIT
KRÄUTER-
KICK

HEFEZÖPFE

MIT APRIKOSENGLASUR

MIT FRUCHT-GLANZ

FÜR DEN TEIG
250 ml Sojamilch*
1/2 Würfel Frischhefe (ca. 20 g)
2 Pck. Bourbonvanillezucker
500 g Weizenmehl (Type 550)
70 g Zucker
1 Prise Salz
120 g weiche Margarine*

FÜR DIE GLASUR
4 EL (ca. 180 g) Aprikosenkonfitüre
2 EL Sojamilch*

AUSSERDEM
Weizenmehl zum Verarbeiten
Backpapier für das Blech

FÜR 2 HEFEZÖPFE (24 STÜCKE)
Zubereitungszeit: ca. 30 Min.
Gehzeit: ca. 2 Std. 15 Min.
Backzeit: ca. 35 Min.
Pro Stück ca. 145 kcal, 3 g EW, 4 g F, 24 g KH

1 Für den Teig die Sojamilch lauwarm erhitzen. Die Hefe etwas zerbröseln, mit dem Vanillezucker bestreuen und mit der warmen Milch übergießen. Die Mischung ca. 5 Min. stehen lassen, bis die Hefe Blasen schlägt.

2 Alle trockenen Teigzutaten in einer Schüssel vermischen und die Margarine sowie die Hefemischung hinzugeben. Alles mit den Knethaken des Handrührgeräts oder mit dem Stiel eines Rührlöffels vermischen, bis sich große Klumpen bilden. Dann den Teig auf der bemehlten Arbeitsfläche in ca. 2 Min. mit den Händen glatt kneten, zu einer Kugel formen, mit wenig Mehl bestäuben und abgedeckt ca. 2 Std. an einem warmen Ort gehen lassen, bis er sein Volumen verdoppelt hat.

3 Den gegangenen Hefeteig auf die bemehlte Arbeitsfläche geben und in sechs gleiche Stücke aufteilen. Jedes zu einem ca. 50 cm langen Strang von ca. 4 cm Durchmesser rollen.

4 Je 3 Stränge zu einem Zopf flechten und die Enden unter den Zopf stecken. Die Zöpfe auf ein mit Backpapier belegtes Backblech setzen und zugedeckt ca. 10 Min. ruhen lassen.

5 Inzwischen den Backofen auf 170° vorheizen. Für die Glasur die Konfitüre mit der Sojamilch glatt rühren und mit einem Backpinsel dünn auf den gegangenen Hefezöpfen verstreichen.

6 Die Hefezöpfe im heißen Backofen (2. Schiene von unten) in 30–35 Min. goldbraun backen.

MEIN VERWANDLUNGSTIPP

Probieren Sie zum Glasieren auch andere Konfitüresorten oder bestreichen Sie die Hefezöpfe zur Abwechslung nur mit Sojamilch.

HEFEZÖPFE LASSEN SICH WUNDERBAR VORBEREITEN! KNETEN SIE DEN HEFETEIG EINFACH SCHON AM VORTAG ZUSAMMEN UND LASSEN SIE IHN ÜBER NACHT IM KÜHLSCHRANK GEHEN.

BLECHKUCHEN

MIT ZWETSCHGEN UND TRAUBEN

FÜR DEN TEIG
500 g Weizenmehl (Type 405) oder Dinkelmehl (Type 630)
200 g Zucker | 2 gestrichene TL Natron
1 TL Bourbonvanillepulver
1 Bio-Zitrone | 80 ml neutrales Pflanzenöl
220 ml Sojamilch* | 300 g Sojaghurt*

FÜR DEN BELAG
450 g Zwetschgen
350 g grüne Weintrauben

AUSSERDEM
neutrales Pflanzenöl für das Blech
4 EL Zucker | 1/2 TL Zimtpulver
1/3 TL Bourbonvanillepulver

FÜR 1 BACKBLECH (24 STÜCKE)
Zubereitungszeit: ca. 30 Min.
Backzeit: ca. 50 Min.
Pro Stück ca. 175 kcal, 3 g EW, 4 g F, 31 g KH

1 Für den Teig Mehl, Zucker, Natron und Vanille mischen. Die Zitrone heiß abwaschen, abtrocknen, die Schale abreiben und den Saft auspressen. Schale und Saft mit den übrigen Teigzutaten zur Mehlmischung geben und alles mit einem Rührlöffel oder den Quirlen des Handrührgeräts zu einem glatten Teig verrühren. Ein Backblech einfetten und den Teig darauf verstreichen.

2 Den Backofen auf 180° vorheizen.

3 Für den Belag die Früchte waschen. Die Zwetschgen halbieren und entsteinen, die Trauben von den Stielen zupfen. Das Obst (Zwetschgen mit der Schnittseite nach oben) auf dem Boden verteilen und den Kuchen im Backofen (2. Schiene von unten) in 45–50 Min. goldbraun backen. An einem hineingesteckten Holzstäbchen sollte kein Teig mehr hängen bleiben.

4 In der Zwischenzeit Zucker, Zimt und Vanille mischen. Den fertigen Kuchen herausnehmen und noch warm mit der Zuckermischung bestreuen.

ZUM SOMMER-ABSCHIED

MEIN VERWANDLUNGSTIPP

Je nach Saison kann der Belag für diesen Kuchen ganz anders aussehen: im Frühjahr zum Beispiel mit 600 g Rhabarber. Die Stangen schälen und in 1 cm breite Scheiben schneiden. Den Kuchen damit belegen und nach dem Backen mit 5 EL Zucker bestreuen. Im Sommer schmeckt der Obstkuchen hervorragend mit 700 g Nektarinen, die entsteint und in 1 cm breite Spalten geschnitten werden. Im Spätsommer und Herbst eignen sich auch jeweils 700 g Mirabellen, Birnen oder Äpfel als Belag.

WILLKOMMEN IM SPÄTSOMMER! WENN DIE TAGE WIEDER KÜRZER WERDEN,

BEGLEITET UNS DIESER KUCHEN IN DEN BUNTEN HERBST.

ERDBEER-KUCHEN

FÜR DEN TEIG
250 g Weizenmehl (Type 550 oder 405)
100 g Zucker
2 TL Backpulver
1/4 TL Bourbonvanillepulver
1 Prise Salz
50 ml neutrales Pflanzenöl
220 ml Sprudelwasser
100 ml Sojamilch*

FÜR DEN BELAG
800 g nicht zu große Erdbeeren
3 EL Zucker
3 TL Pfeilwurzelstärke*
1/4 TL Agar-Agar*
1 EL Puderzucker

AUSSERDEM
neutrales Pflanzenöl für die Form

FÜR 1 OBSTBODEN- ODER SPRINGFORM (Ø 26 CM, 12 STÜCKE)
Zubereitungszeit: ca. 25 Min.
Backzeit: ca. 15 Min.
Pro Stück ca. 190 kcal, 3 g EW, 5 g F, 33 g KH

ENDLICH ERDBEERZEIT!

1 Den Backofen auf 170° vorheizen. Die Springform fetten.

2 Für den Teig alle trockenen Zutaten mischen. Öl, Sprudelwasser und Sojamilch dazugeben und alles mit einem Rührlöffel oder Küchenspatel zu einem Teig verrühren. Kleinere Klümpchen lösen sich durch die Kohlensäure des Wassers beim Backen auf.

3 Den Teig in die Form füllen und den Boden im Backofen (2. Schiene von unten) in 15–17 Min. goldbraun backen. Den Boden herausnehmen, abkühlen lassen und aus der Backform lösen.

4 In der Zwischenzeit für den Belag die Erdbeeren waschen, abtropfen lassen und die Stielansätze entfernen. 180 ml Wasser mit Zucker, Pfeilwurzelstärke und Agar-Agar verrühren, aufkochen und 2 Min. unter Rühren köcheln. Die Mischung vom Herd nehmen, ca. 10 Min. abkühlen lassen und dabei hin und wieder umrühren.

5 Den abgekühlten Boden mit dem Puderzucker bestreuen. Die Erdbeeren mit der Kelchseite nach unten dicht an dicht darauf verteilen und mit dem Guss überziehen. Den Kuchen 20–30 Min. stehen lassen, bis der Guss fest geworden ist.

SOBALD DIE ERSTEN HEIMISCHEN ERDBEEREN REIF SIND,

MACHE ICH DIESEN EINFACHEN KUCHEN.

DENN DER SCHMECKT FÜR MICH EINFACH NACH SOMMER!

APRIKOSEN-KUCHEN

WIE BEI OMA

FÜR DEN TEIG
200 g Weizenmehl (Type 405) oder Dinkelmehl (Type 630)
100 g Puderzucker
1 gestrichene TL Natron
1/2 TL Bourbonvanillepulver
1 Prise Salz
60 ml neutrales Pflanzenöl
2 TL Apfel- oder Weißweinessig*
140 ml Sprudelwasser
90 g Sojaghurt*

FÜR DEN BELAG
2 kleine Dosen ungesüßte Aprikosenhälften
à 410 g (Abtropfgewicht 240 g)
3 TL Agar-Agar*
1/2 TL Pfeilwurzelstärke*
1 EL Puderzucker

AUSSERDEM
500 g Sahnecreme (siehe Rezept S. 16)
neutrales Pflanzenöl für die Form
1 Spritzbeutel mit Sterntülle
1 EL ungesalzene Pistazienkerne (nach Belieben)

FÜR 1 SPRINGFORM (Ø 28 CM, 16 STÜCKE)
Zubereitungszeit: ca. 1 Std. 30 Min.
Kühlzeit: ca. 8 Std.
Backzeit: ca. 15 Min.
Pro Stück ca. 230 kcal, 2 g EW, 11 g F, 29 g KH

1 Rechtzeitig vor dem Backen die Sahnecreme zubereiten und mind. 5 Std. oder über Nacht kalt stellen.

2 Am Backtag den Backofen auf 200° vorheizen. Den Boden der Springform fetten.

3 Für den Teig alle trockenen Zutaten gut vermischen. Öl, Essig, Sprudelwasser und Sojaghurt zugeben und alles rasch verrühren. Kleinere Klümpchen im Teig lösen sich durch die Kohlensäure des Wassers beim Backen auf. Den Teig in die Form und glatt streichen. Den Biskuitboden im Backofen (Mitte) in ca. 15 Min. hellbraun backen. Herausnehmen, vollständig auskühlen lassen und aus der Form lösen.

4 Für den Belag die Aprikosen abtropfen lassen, die Flüssigkeit dabei auffangen und mit Agar-Agar und Pfeilwurzelstärke aufkochen. Die Mischung 2 Min. unter Rühren kochen, dann vom Herd nehmen und 10 Min. abkühlen lassen.

5 Den abgekühlten Boden mit dem Puderzucker bestreuen. Die Aprikosenhälften mit der Rundung nach oben darauflegen und vorsichtig mit dem Guss übergießen, sodass alle Zwischenräume gut ausgefüllt, die Aprikosen jedoch nicht ganz bedeckt sind. Den Kuchen abgedeckt 1 Std. kühl stellen, damit der Guss fest wird.

6 Zwei Drittel der Sahnecreme auf den Aprikosen verstreichen. Die übrige Creme in einen Spritzbeutel mit Sterntülle füllen und die Torte damit garnieren. Die Torte ca. 2 Std. kalt stellen. Die Pistazien, falls verwendet, hacken und die Torte vor dem Servieren damit bestreuen.

EIN BISSCHEN NOSTALGIE DARF SCHON SEIN:
DIESER KLASSISCHE OBSTKUCHEN ERINNERT MICH IMMER AN DIE
SCHEINBAR ENDLOSEN SOMMERFERIEN IN OMAS GARTEN.

GRAPEFRUITKUCHEN

MIT SCHWARZEM PFEFFER

FÜR DEN BELAG
2 Grapefruits | 4 EL Zucker
1 TL neutrales Pflanzenöl

FÜR DEN TEIG
250 g Dinkelmehl (Type 1050)
200 g Zucker | 2 gestrichene TL Natron
1/2 TL Bourbonvanillepulver
2 EL Kakaopulver | 1 Prise Salz
1/2 TL schwarzer Pfeffer aus der Mühle
80 ml neutrales Pflanzenöl
50 ml Sojamilch*
150 g ungesüßter Sojaghurt*
2 TL Apfel- oder Weißweinessig*

AUSSERDEM
neutrales Pflanzenöl für die Form
2 EL Puderzucker zum Bestäuben

FÜR 1 AUFLAUF- ODER SPRINGFORM (Ø 26 CM, 12 STÜCKE)
Zubereitungszeit: ca. 30 Min.
Backzeit: ca. 25 Min.
Pro Stück ca. 250 kcal, 4 g EW, 8 g F, 40 g KH

1 Für den Belag die Grapefruits mit dem Messer bis ins Fruchtfleisch schälen, sodass auch die Fruchthaut entfernt wird. Das Fruchtfleisch horizontal in 1 cm dicke Scheiben schneiden, dabei den Saft auffangen.

2 Den Zucker mit dem Öl und 1 EL Wasser in einem Topf schmelzen und 1 Min. bei mittlerer Hitze köcheln. Die Backform nur am Rand fetten und den Zuckersirup hineingießen. Die Grapefruitscheiben darauf anordnen.

3 Den Backofen auf 180° vorheizen. Für den Teig Mehl, Zucker, Natron, Vanille, Kakao, Salz und Pfeffer gut vermischen. Die flüssigen Zutaten und den aufgefangenen Grapefruitsaft zugeben und alles mit einem Löffel oder den Quirlen des Handrührgeräts rasch zu einem zähflüssigen, glatten Teig verrühren.

4 Den Teig über die Grapefruitscheiben gießen, etwas glatt streichen und den Kuchen im Backofen (Mitte) 25–30 Min. im Backofen (Mitte) backen, bis an einem hineingesteckten Holzstäbchen kein Teig mehr kleben bleibt. Den fertigen Kuchen herausnehmen, 15 Min. abkühlen lassen und erst dann stürzen. Kurz vor dem Servieren mit Puderzucker bestäuben.

MEINE TIPPS

Fein und weniger herb schmeckt der Kuchen mit Orangen statt der Grapefruits.

Übrigens: Grapefruits haben je nach Sorte relativ feste Fruchthäutchen. Wenn Sie das nicht mögen, können Sie die Früchte auch filetieren und die Filets auf dem Sirup verteilen.

SCHÖN HERB

EXOTISCH IST DIE KOMBINATION JA SCHON, DAS GEBE ICH ZU. ABER DIE HERBE NOTE DER GRAPEFRUIT UND DIE LEICHTE SCHÄRFE DES PFEFFERS GEBEN EIN PERFEKTES PAAR AB.

AUFGEDREHTE DEKO!

APFELROSEN-KUCHEN

FÜR DEN TEIG
300 g Dinkel- oder Weizenmehl (Type 1050)
2 gestrichene TL Natron
120 g Zucker
1/2 TL Bourbonvanillepulver
1 kleine Bio-Zitrone
170 g ungesüßter Sojaghurt*
130 ml Sojamilch*
1 EL neutrales Pflanzenöl
70 g Sultaninen

FÜR DEN BELAG
5 große Äpfel (süß-säuerliche Sorte mit festem Fruchtfleisch und schöner Schale, z. B. Elstar, Pink Lady)

AUSSERDEM
neutrales Pflanzenöl für die Form

FÜR 1 SPRINGFORM (Ø 26 CM, 12 STÜCKE)
Zubereitungszeit: ca. 55 Min.
Backzeit: ca. 1 Std.
Pro Stück ca. 190 kcal, 5 g EW, 2 g F, 36 g KH

MEIN ZEITSPARTIPP

Wenn es schnell gehen soll, lassen Sie die Rosen einfach weg! Schälen und entkernen Sie dann die Äpfel nur, schneiden Sie die Hälfte in dünne Spalten und den Rest in Würfel. Die Spalten anstelle der Rosetten auf dem Kuchen verteilen, die Würfel in den Teig geben und wie im Rezept angegeben backen.

1 Für den Teig Mehl, Natron, Zucker und Vanille mischen. Die Zitrone heiß abwaschen, abtrocknen, die Schale abreiben und den Saft auspressen. Die Hälfte des Zitronensafts mit Zitronenschale, Sojaghurt, Sojamilch und Öl in einer zweiten Schüssel verrühren.

2 Den Backofen auf 170° vorheizen und die Springform fetten. Den übrigen Zitronensaft in eine große Schüssel mit ca. 1,5 l kaltem Wasser gießen.

3 Die Äpfel waschen und mit einem Sparschäler rundherum schälen, sodass lange (nach innen hin brüchigere) Streifen entstehen. Die Streifen zu ca. 14 flachen Rosetten (Ø ca. 3,5 cm) aufrollen. Diese »Rosen« bis zur weiteren Verwendung ins Zitronenwasser setzen.

4 Die Apfelreste vom Kerngehäuse schneiden und in ca. 1 cm große Würfel schneiden.

5 Die trockenen und die feuchten Teigzutaten mit einem Löffel oder den Quirlen des Handrührgeräts zu einem glatten Rührteig verarbeiten. Zum Schluss Sultaninen und Apfelwürfel unterheben.

6 Den Teig in die Form füllen. Die Apfelrosen dekorativ darauf verteilen und etwas in den Teig hineindrücken. Den Kuchen im Backofen (2. Schiene von unten) ca. 1 Std. backen, bis an einem hineingesteckten Holzstäbchen kein Teig mehr kleben bleibt. Falls die Rosen beim Backen zu dunkel werden, die Oberfläche zwischendurch mit Alufolie abdecken.

AUF DIE PLÄTZE, FERTIG – LOSGEWICKELT!

APFELSCHALEN UND FESTES FRUCHTFLEISCH LASSEN SICH ZU WUNDERSCHÖNEN

ROSENBLÜTEN AUFDREHEN UND MACHEN DEN APFELKUCHEN ZUM KUNSTWERK!

VERY BERRY PIE

BLAUBEEREN SATT!

FÜR DEN TEIG
400 g Weizenmehl (Type 405) oder Dinkelmehl (Type 630)
3 TL Zucker
1 gestrichener TL Salz
3/4 TL Backpulver
350 g gefrorene oder kalte Margarine*
(siehe Tipp S. 66)

FÜR DIE FÜLLUNG
1 kg Blaubeeren, Himbeeren oder Brombeeren
3 EL Zucker
1/2 TL Zimtpulver
1/2 TL Bourbonvanillepulver
2 EL Speisestärke

AUSSERDEM
Margarine* für die Form
Weizen- oder Dinkelmehl zum Verarbeiten
Plätzchenausstecher (z. B. Herz oder Stern)
2 EL Puderzucker zum Bestäuben

FÜR 1 SPRINGFORM (Ø 26 CM, 12 STÜCKE)
Zubereitungszeit: ca. 35 Min.
Kühlzeit: ca. 30 Min.
Backzeit: ca. 30 Min.
Pro Stück ca. 390 kcal, 4 g EW, 24 g F, 38 g KH

1 Für den Teig die trockenen Zutaten vermischen. Gefrorene Margarine darüberreiben oder kalte Margarine in Flöckchen zugeben und alles mit den Knethaken des Handrührgeräts oder den Händen krümelig mischen.

2 Nach und nach 4–5 EL eiskaltes Wasser zufügen, bis sich die Krümel zusammenklumpen. Alles mit den Händen schnell verkneten, den Teig zu einer Kugel formen, flach drücken und in Frischhaltefolie gewickelt ca. 30 Min. kalt stellen.

3 Für die Füllung die Beeren verlesen, nur falls nötig waschen und in einem Sieb abtropfen lassen. Zucker, Zimt und Vanille mischen.

4 Den Backofen auf 220° vorheizen und die Backform fetten. Ein Drittel des Teigs abnehmen. Das größere Teigstück zwischen zwei Lagen Frischhaltefolie oder auf wenig Mehl etwas größer als die Backform ausrollen, in die Form legen und einen 4 cm hohen Rand formen. Die Kante sauber abschneiden.

5 Das übrige Teigdrittel ca. 0,7 cm dick ausrollen. Mit dem Plätzchenausstecher daraus Sterne, Herzen oder andere Figuren ausstechen.

6 Die Zimtzuckermischung auf dem Boden verteilen. Die Beeren mit der Stärke bestreuen und daraufgeben. Zum Schluss die ausgestochenen Formen auf die Oberfläche des Kuchens legen.

7 Den Kuchen im Backofen (Mitte) 30–35 Min. backen, bis der Teig schön goldbraun ist. Herausnehmen, etwas abkühlen lassen und mit Puderzucker bestäuben.

MEINE HOMMAGE AN DIE AMERIKANISCHE BACKKUNST: AUF DEM NUR WENIG SÜSSEN MÜRBETEIGBODEN KOMMEN DIE BEEREN RICHTIG GUT. BERRYLICIOUS!

SCHOKOMOUSSE-TARTE

DUNKEL UND DEKADENT

FÜR DEN TEIG
250 g Weizenmehl (Type 550)
150 g Zucker
20 g Kakaopulver
1/2 TL Bourbonvanillepulver
1 Prise Salz
1 Msp. Backpulver
120 ml neutrales Pflanzenöl

FÜR DIE FÜLLUNG
250 g Sahnecreme (Hälfte des Rezepts S. 16)
120 g Bitterschokolade*
(mind. 55 % Kakaoanteil)

AUSSERDEM
neutrales Pflanzenöl für die Form
1 Spritzbeutel mit großer Sterntülle
10 g Bitterschokolade
(mind. 55 % Kakaoanteil)

FÜR 1 SPRINGFORM (Ø 26 CM, 16 STÜCKE)
Zubereitungszeit: ca. 50 Min.
Kühlzeit: ca. 30 Min.
Backzeit: ca. 18 Min.
Pro Stück ca. 250 kcal, 3 g EW, 15 g F, 27 g KH

1 Rechtzeitig vor dem Backen die Sahnecreme zubereiten und mind. 5 Std. oder über Nacht kalt stellen.

2 Am Backtag die Springform fetten. Für den Teig alle trockenen Zutaten miteinander vermischen, dann das Öl und 4 EL eiskaltes Wasser hinzugeben und alles rasch mit den Händen zu einem Teig verkneten. Den Teig in die Form drücken und dabei einen ca. 3 cm hohen Rand formen. Den Boden mit der Form ca. 30 Min. in den Kühlschrank stellen.

3 Den Backofen auf 180° vorheizen. Für die Füllung die Schokolade fein hacken. 1 gehäuften EL davon beiseitelegen, den Rest im Wasserbad schmelzen und wieder etwas abkühlen lassen. Die geschmolzene und die gehackte Schokolade unter die Sahnecreme heben und die Schokocreme bis zur Verwendung kalt stellen.

4 Den Teigboden mehrmals mit einer Gabel einstechen und im heißen Backofen (Mitte) in 16–18 Min. goldbraun backen. Die Tarte herausnehmen, abkühlen lassen und aus der Form lösen.

5 Zwei Drittel der Schokoladencreme auf dem Boden verstreichen. Die übrige Creme in einen Spritzbeutel mit Sterntülle füllen und die Tarte mit 16 Schokoladentuffs dekorieren. Von der Schokolade mit einem Sparschäler feine Löckchen abziehen und die Tarte damit bestreuen.

SCHOKOMOUSSE AUF SCHOKOBODEN – DOPPELT HÄLT BESSER, FINDE ICH.
JEDENFALLS, WENN ES UM SCHOKOLADE GEHT.

BIRNEN-TARTE-TATIN

MIT ZIMTKARAMELL

FÜR DEN BODEN
170 g Dinkelmehl (Type 1050)
80 g Zucker
1 Prise Salz
1 Msp. Backpulver
100 g gefrorene oder kalte Margarine*
(siehe Tipp S. 66)

FÜR DEN BELAG
500 g kleine, feste Birnen
1/2 Bio-Zitrone
100 g Zucker
1 EL Margarine*
1 gestrichener TL Zimtpulver

AUSSERDEM
Dinkelmehl zum Verarbeiten
Margarine* für die Form
veganes Vanilleeis oder kalte aufschlagbare Pflanzensahne* zum Servieren

FÜR 1 AUFLAUF- ODER SPRINGFORM (Ø 26 CM, 12 STÜCKE)
Zubereitungszeit: ca. 45 Min.
Kühlzeit: ca. 30 Min.
Backzeit: ca. 35 Min.
Pro Stück ca. 190 kcal, 2 g EW, 15 g F, 27 g KH

UPSIDE DOWN

1 Für den Teig die trockenen Zutaten vermischen. Gefrorene Margarine darüberreiben oder kalte Margarine in Flöckchen zugeben und alles mit den Knethaken des Handrührgeräts oder den Händen krümelig mischen. Nach und nach 1–2 EL eiskaltes Wasser zugeben, bis sich die Krümel zusammenklumpen. Alles mit den Händen schnell verkneten, den Teig zur einer Kugel formen, flach drücken und in Frischhaltefolie gewickelt ca. 30 Min. kalt stellen.

2 Für den Belag die Birnen schälen, halbieren, das Kerngehäuse entfernen und die Birnenhälften in 0,5 cm dicke Spalten schneiden. Die Zitronenhälfte heiß abwaschen, abtrocknen, die Schale abreiben und den Saft auspressen. Beides mit den Birnen mischen.

3 Den Backofen auf 180° vorheizen und die Form fetten. Den Teig zwischen zwei Lagen Frischhaltefolie oder auf wenig Mehl etwas größer als die Backform ausrollen. Die Form daraufsetzen und den Teig mit einem Messer passend zuschneiden. Den zugeschnittenen Teig erneut mit Folie abgedeckt kalt stellen.

4 Für den Belag Zucker, Margarine und 3 EL Wasser in einer Pfanne erhitzen und bei mittlerer Hitze langsam goldbraun karamellisieren. Die Birnen zugeben und 1 Min. mitdünsten, dann den Zimt zufügen. Die Birnen samt Zimtkaramell in die Form geben, gut verteilen und den zugeschnittenen Tarteboden darüberlegen.

5 Die Tarte im heißen Ofen (Mitte) in 30–35 Min. goldbraun backen, aus dem Ofen nehmen und 10 Min. abkühlen lassen, damit der Zucker wieder fest werden kann. Die Tarte auf eine Platte stürzen und warm mit Vanilleeis oder geschlagener Pflanzensahne servieren.

IN GEDANKEN MAL EBEN NACH FRANKREICH! MIT DIESER EINFACHEN TARTE UND EINEM CAFÉ AU SOJA-LAIT KEIN PROBLEM.

KÜRBIS-KOKOS-TARTE

AUSFLUG IN DIE USA

FÜR DEN BODEN
250 g Dinkelmehl (Type 1050)
1 Msp. Backpulver
150 g Zucker
1/2 TL Bourbonvanillepulver
1/2 TL Zimtpulver | 1 Prise Salz
100 ml neutrales Pflanzenöl

FÜR DIE FÜLLUNG
700 g Hokkaidokürbis
600 ml Kokosmilch*
2 Zimtstangen
1 TL Bourbonvanillepulver
80 g Zucker
1 TL Agar-Agar*
1 TL Pfeilwurzelstärke*

AUSSERDEM
neutrales Pflanzenöl für die Form
1 Spritzbeutel mit großer Sterntülle
2 EL Kokoschips zum Dekorieren

FÜR 1 SPRING- ODER TARTEFORM (Ø 26–28 CM, 16 STÜCKE)
Zubereitungszeit: ca. 1 Std.
Kühlzeit: ca. 4 Std.
Backzeit: ca. 20 Min.
Pro Stück ca. 245 kcal, 4 g EW, 14 g F, 27 g KH

MEIN EXTRATIPP

Die Kürbiscreme passt übrigens auch als elegantes und überraschendes Frosting auf meine Lieblingsmuffins von S. 26.

1 Für den Boden der Tarte alle Zutaten miteinander vermischen und rasch zu einem glatten Teig kneten. Die Form fetten, den Teig hineindrücken und dabei einen ca. 3 cm hohen Rand formen. Die Form ca. 1 Std. in den Kühlschrank stellen.

2 In der Zwischenzeit für die Füllung den Kürbis waschen und putzen. Die Samen und das fasrige Innere herauskratzen und das Fruchtfleisch in ca. 3 cm große Würfel schneiden. Die Kürbiswürfel mit Kokosmilch, Zimt, Vanille und Zucker in einem Topf aufkochen und 35 Min. zugedeckt bei schwacher Hitze köcheln lassen, dabei hin und wieder umrühren.

3 Ungefähr 2 Min. vor Ende der Kochzeit die Zimtstangen entfernen, Agar-Agar und Pfeilwurzelstärke einrühren, alles noch einmal aufkochen und 2 Min. kochen lassen. Die Mischung mit einem Pürierstab oder im Mixer sehr fein pürieren und abkühlen lassen.

4 Den Backofen auf 180° vorheizen. Den Teigboden mit einer Gabel mehrmals einstechen und 20 Min. im Backofen (Mitte) backen. Den Boden herausnehmen und 10 Min. abkühlen lassen.

5 Ein Viertel von der Kürbiscreme abnehmen und in den Kühlschrank stellen. Die übrige Kürbiscreme auf dem Boden verteilen und die Tarte ebenfalls 2–3 Std. an einen kühlen Ort durchziehen lassen.

6 Vor dem Servieren die übrige Kürbiscreme in einen Spritzbeutel mit großer Sterntülle füllen und damit 16 dekorative Tupfer auf die Tarte spritzen. Die Tarte mit den Kürbischips garnieren.

KÜRBIS VERLEIHT DER CREME NICHT NUR DIE TOLLE FARBE – ER SCHMECKT IN DER KOMBINATION MIT KOKOSMILCH UND GEWÜRZEN AUCH EINFACH UMWERFEND!

KOKOSKARAMELL-TARTE

MIT ERDNÜSSEN

FÜR DIE DULCE DE LECHE
200 g Zucker
800 ml Kokosmilch*
(mind. 60 % Kokosanteil, ohne Zusätze)
2 Msp. Johannisbrotkernmehl

FÜR DEN TEIG
250 g Dinkel- oder Weizenmehl (Type 1050)
100 g Zucker
1 TL Salz (am besten Fleur de Sel)
120 g gefrorene oder kalte Margarine*
(siehe Tipp S. 66)

FÜR DIE GLASUR
150 g Bitterkuvertüre (mind. 55 % Kakaoanteil)
2 TL Pflanzenfett oder Kakaobutter*
5 EL Pflanzensahne* zum Kochen

AUSSERDEM
Dinkel- oder Weizenmehl zum Verarbeiten
Margarine* für die Form
100 g geröstete, ungesalzene Erdnusskerne
1/2 TL Fleur de Sel (nach Belieben)

FÜR 1 SPRINGFORM (Ø 24–26 CM, 12 STÜCKE)
Zubereitungszeit: ca. 2 Std.
Kühlzeit: ca. 10 Std.
Backzeit: ca. 17 Min.
Pro Stück ca. 495 kcal, 7 g EW, 30 g F, 48 g KH

MIT DULCE DE LECHE

1 Für die Dulce de Leche am Vortag Zucker und Kokosmilch in einem Topf aufkochen und 50–60 Min. bei schwacher Hitze offen einkochen, dabei hin und wieder umrühren. Sobald die Mischung deutlich dunkler wird, öfter rühren, bis sie sirupartig eindickt. Das Johannisbrotkernmehl einrühren, die Mischung abkühlen lassen und mind. 8 Std. kalt stellen.

2 Am Backtag für den Teig alle trockenen Zutaten vermischen. Die gefrorene Margarine darüberreiben oder kalte Margarine in Flöckchen zugeben und alles krümelig mischen. 3–4 TL eiskaltes Wasser zufügen. Den Teig schnell verkneten und zwischen zwei Lagen Frischhaltefolie oder auf wenig Mehl etwas größer als die Springform ausrollen. Die Form fetten, den Teig hineinlegen und einen ca. 2 cm hohen Rand formen. Den Teig in der Form ca. 30 Min. kalt stellen.

3 Den Backofen auf 180° vorheizen. Den Teigboden mehrmals mit einer Gabel einstechen und im Backofen (Mitte) in 15–17 Min. goldgelb backen. Die Form herausnehmen und den Boden auskühlen lassen.

4 Die Erdnüsse halbieren oder grob hacken, auf dem Boden verteilen und mit der Dulce de Leche übergießen. Das Fleur de Sel (falls verwendet) darüberstreuen und die Tarte für ca. 30 Min. in den Kühlschrank stellen.

5 In der Zwischenzeit für die Glasur die Kuvertüre hacken und zusammen mit Pflanzenfett oder Kakaobutter und Pflanzensahne langsam im Wasserbad schmelzen. Die Glasur gleichmäßig auf der Dulce de Leche verteilen und die Tarte in ca. 20 Min. im Kühlschrank fest werden lassen. Die Tarte vor dem Anschneiden 10 Min. Zimmertemperatur annehmen lassen.

MIT ZUCKER LAAANGSAM EINGEKOCHTE KOKOSMILCH IST AN SICH SCHON EINE SÜNDE WERT.

WENN DANN NOCH ERDNÜSSE UND SCHOKOLADE DAZUKOMMEN, WERDE ICH IMMER SCHWACH!

ORANGENSTOLLEN

ADVENTS-MUSS

MIT VOLLKORN

FÜR DEN TEIG
500 g ungesüßter Sojaghurt*
300 g Sultaninen
100 ml Orangenlikör (ersatzweise Orangensaft)
250 ml Sojamilch*
500g Weizenvollkornmehl
30 g Frischhefe
150 g Zucker
100 g gehackte Mandeln
2 Bio-Orangen
80 ml neutrales Pflanzenöl
1 gestrichener TL Bourbonvanillepulver
1 Prise Salz

AUSSERDEM
Backpapier für das Blech
Weizenvollkornmehl zum Verarbeiten
5 EL Puderzucker zum Bestäuben

FÜR 1 STOLLEN (18 STÜCKE)
Zubereitungszeit: ca. 1 Std.
Gehzeit: ca. 4 Std.
Abtropf- und Einweichzeit: mind. 6 Std.
Backzeit: ca. 1 Std.
Pro Stück ca. 285 kcal, 7 g EW, 9 g F, 44 g KH

1 Rechtzeitig vor dem Backen den Sojaghurt in ein mit Küchenpapier ausgelegtes feines Sieb geben, das Sieb über eine Schüssel hängen und abgedeckt mind. 6 Std. (besser über Nacht) in den Kühlschrank stellen, damit der Sojaghurt abtropfen kann. Die Sultaninen mit dem Likör übergießen und ebenfalls mind. 6 Std. ziehen lassen.

2 Die Sojamilch lauwarm erhitzen. Das Mehl in eine Schüssel geben, die Hefe hineinbröseln und mit 1 EL Zucker bestreuen. Die lauwarme Sojamilch darübergießen und den Vorteig abgedeckt 5–10 Min. an einem warmen Ort stehen lassen, bis die Hefe Blasen schlägt.

3 In der Zwischenzeit die Mandeln in einer Pfanne ohne Fett hellbraun anrösten, bis sie duften. Die Mandeln in ein Schüsselchen umfüllen und abkühlen lassen. Die Orangen heiß abwaschen, abtrocknen und von beiden die Schale abreiben. Eine Orange auspressen (die andere anderweitig verwenden). Die Sultaninen in ein Sieb abgießen und abtropfen lassen.

4 Orangenschale und -saft zusammen mit übrigem Zucker, Mandeln, Öl, Vanille, Salz, dem abgetropften Sojaghurt und den abgetropften Sultaninen zum Vorteig geben. Alle Zutaten mit den Knethaken des Handrührgeräts ca. 5 Min. zu einem Teig verkneten. Den Teig mit wenig Mehl bestäuben und abgedeckt an einem warmen Ort ca. 3 Std. gehen lassen, bis sich das Volumen ungefähr verdoppelt hat.

5 Den gegangenen Teig auf das Blech mit Backpapier stürzen und mit bemehlten Händen zu einem ca. 30 cm langen und 15 cm breiten Oval formen, dabei nicht zu viel drücken. Den Teig nochmals an einem warmen Ort ca. 1 Std. gehen lassen.

6 Den Backofen auf 200° vorheizen. Den Stollen im Ofen (unten) in 50–60 Min. goldbraun backen, herausnehmen und auf einem Kuchengitter vollständig auskühlen lassen. Erst dann mit Puderzucker bestäuben. Er hält sich gut verpackt 1–2 Wochen.

AN VORWEIHNACHTLICHEN SONNTAGEN GIBT ES NICHTS BESSERES ALS DIESEN STOLLEN – GERADE WEIL ER DURCH DAS VOLLKORNMEHL EIN BISSCHEN KERNIGER SCHMECKT ALS ÜBLICH.

BESONDERS FEIN

FÜR DIE TORTENMOMENTE IM LEBEN

MANCHMAL DARF ES EINFACH EIN BISSCHEN ÜPPIGER, FEINER UND FESTLICHER ZUGEHEN – SCHLIESSLICH SOLLEN BESONDERE GELEGENHEITEN AUCH DANACH SCHMECKEN. UND TORTENGENUSS AUF VEGANISTA-ART, DAS HEISST: MIT VIEL LIEBE GEBACKEN!

BISKUITMASSE

GRUNDREZEPT

PERFEKT FÜR TORTEN

400 g Weizenmehl (Type 405) oder Dinkelmehl (Type 630)
200 g Puderzucker
2 TL Natron
1 TL Bourbonvanillepulver
1 Prise Salz
100 ml neutrales Pflanzenöl
1 EL Apfel- oder Weißweinessig*
280 ml Sprudelwasser
180 g ungesüßter Sojaghurt*

AUSSERDEM
Backpapier für die Form

FÜR 1 SPRINGFORM (Ø 26 CM, 12-16 STÜCKE)
Zubereitungszeit: ca. 15 Min.
Backzeit: ca. 40 Min.
Bei 16 Stücken pro Stück ca. 195 kcal, 3 g EW, 7 g F, 31 g KH

1 Den Backofen auf 180° vorheizen. Alle trockenen Teigzutaten gut vermischen. Öl, Essig, Sprudelwasser und Sojaghurt zugeben und alles rasch verrühren. Kleinere Klümpchen im Teig lösen sich durch die Kohlensäure des Wassers beim Backen auf.

2 Den Boden der Springform mit Backpapier belegen. Den Teig einfüllen und glatt streichen. Den Kuchen im Backofen (Mitte) 35–40 Min. backen, bis er leicht gebräunt ist und an einem hineingesteckten Holzstäbchen kein Teig mehr kleben bleibt.

3 Den Kuchen herausnehmen, vollständig auskühlen lassen und aus der Form lösen und, falls nötig, die Oberfläche mit einem scharfen Messer begradigen.

4 Soll die Torte gefüllt werden, den Biskuit waagerecht mit einem Bindfaden, Tortenteiler oder scharfen Messer in zwei Böden teilen.

MEINE KÜCHENPRAXISTIPPS

Auch Torten mit drei Böden sind mit diesem Rezept kein Problem! Verwenden Sie einfach die anderthalbfache Teigmenge (einfach alle Zutaten mit 1,5 multiplizieren). In einer Springform (Ø 26 cm) backt die Biskuitmasse dann ca. 60 Min. bei 180°.

Wichtig bei veganer Biskuitmasse: auf keinen Fall zu lange rühren, das macht sie leicht zäh. Kleinere Klümpchen im Teig lösen sich beim Backen ganz von selbst auf. Sprudelwasser und Natron sei Dank!

MANDARINENTORTE

MIT FRUCHTIGEM GUSS

MIT SAHNECREME

FÜR DEN BODEN
200 g Weizenmehl (Type 405) oder Dinkelmehl (Type 630)
100 g Puderzucker
1 TL Natron
1/2 TL Bourbonvanillepulver
1 Prise Salz
60 ml neutrales Pflanzenöl
1 TL Apfel- oder Weißweinessig*
140 ml Sprudelwasser
90 g ungesüßter Sojaghurt*

FÜR DEN BELAG
2 kleine Dosen ungesüßte Mandarinen
(Abtropfgewicht jeweils 175 g)
ca. 200 ml Orangensaft
1/2 TL Agar-Agar*
1 leicht gehäufter TL Pfeilwurzelstärke*
1–2 EL Agavendicksaft* (je nach gewünschter Süße)

AUSSERDEM
500 g Sahnecreme
(siehe Grundrezept S. 16)
Backpapier für die Form
1 Tortenring

FÜR 1 SPRINGFORM (Ø 26 CM, 16 STÜCKE)
Zubereitungszeit: ca. 40 Min.
Kühlzeit: ca. 9 Std.
Backzeit: ca. 15 Min.
Pro Stück ca. 220 kcal, 2 g EW, 11 g F, 28 g KH

1 Rechtzeitig vor dem Backen die Sahnecreme zubereiten und mind. 5 Std. kalt stellen.

2 Kurz vor dem Backen den Backofen auf 200° vorheizen. Für den Boden alle trockenen Teigzutaten gut vermischen. Öl, Essig, Sprudelwasser und Sojaghurt zugeben und alles rasch verrühren. Kleinere Klümpchen im Teig lösen sich durch die Kohlensäure des Wassers beim Backen auf. Den Boden der Springform mit Backpapier auslegen, den Teig einfüllen und glatt streichen.

3 Den Biskuitboden im Backofen (Mitte) ca. 15 Min. backen, bis an einem hineingesteckten Holzstäbchen kein Teig mehr kleben bleibt. Den Boden auskühlen lassen, aus der Form lösen, auf eine Tortenplatte legen und den Tortenring aufstellen.

4 Für den Belag die Mandarinen durch ein Sieb abgießen, den Saft auffangen und mit Orangensaft auf 500 ml aufgießen. Den Saft mit Agar-Agar, Pfeilwurzelstärke und Agavendicksaft (Menge je nach gewünschter Süße) glatt rühren und in einem Topf aufkochen. Die Mischung ca. 2 Min. unter Rühren köcheln und anschließend lauwarm abkühlen lassen.

5 Die Mandarinen auf dem Tortenboden verteilen, die Sahnecreme darauf verteilen und glatt streichen. Die Tortenplatte einige Male vorsichtig auf die Arbeitsfläche klopfen, damit Luftblasen verschwinden.

6 Zum Schluss die lauwarme Glasur vorsichtig über den Rücken eines Esslöffels über die Creme gießen, damit keine Löcher in der Oberfläche der Creme entstehen. Die Torte mind. 4 Std., besser über Nacht, im Kühlschrank durchziehen lassen. Vor dem Servieren vorsichtig den Tortenring abnehmen.

SCHÖN SAHNIG MIT FRUCHTIGEM GUSS: DIESE TORTE IST EINE MEINER LIEBLINGSTORTEN – NUR ECHT MIT MANDARINEN AUS DER DOSE. WAS MUSS, DAS MUSS.

BUNTE STACHELBEER-TORTE

MIT KOKOS-CREME

FÜR DIE KOKOSCREME
800 ml Kokosmilch* (mind. 60 % Kokosnussanteil)
1–2 EL Pflanzenmilch* (bei Bedarf)
1 EL Agavendicksaft*

FÜR DEN TEIG
400 g Dinkelmehl (Type 630)
200 g Puderzucker
2 TL Natron
1 TL Bourbonvanillepulver
1 Prise Salz
180 g ungesüßter Sojaghurt*
1/2 TL rote Lebensmittelfarbe* (Paste)
120 ml neutrales Pflanzenöl
1 EL Apfel- oder Weißweinessig*
280 ml Sprudelwasser

FÜR DIE FÜLLUNG
1 Glas grüne Stachelbeeren (Abtropfgewicht 360 g)
1/2 TL Agar-Agar*
1/2 TL Pfeilwurzelstärke*
2 EL Agavendicksaft*
1/2 TL Bourbonvanillepulver

AUSSERDEM
Backpapier für die Form
1 Tortenring
2 EL bunte Zuckerperlen*

FÜR 1 SPRINGFORM (Ø 26 CM, 12 STÜCKE)
Zubereitungszeit: ca. 45 Min.
Kühlzeit: ca. 2 Std.
Backzeit: ca. 35 Min.
Pro Stück ca. 410 kcal, 7 g EW, 23 g F, 44 g KH

1 Für die Kokoscreme am Vortag die Kokosmilchdose in den Kühlschrank stellen, damit sich das Kokosmus vom -wasser trennt und schön fest wird.

2 Am Backtag die Kokosmilchdose öffnen, das feste Kokosmus an der Oberfläche abheben und in einem kleinen Topf bei schwacher Hitze schmelzen lassen. Das flüssige Kokosmus erneut 2 Std. kalt stellen. (Den Rest der Kokosmilch aus der Dose anderweitig verwenden.)

3 Inzwischen den Backofen auf 180° vorheizen. Den Boden der Springform mit Backpapier auslegen. Für den Teig alle trockenen Zutaten in einer Schüssel vermischen. Den Sojaghurt mit der Lebensmittelfarbe verrühren, zusammen mit Öl, Essig und Sprudel zur Mehlmischung geben und alles kurz zu einem Teig vermischen. Den Teig in die Form füllen und glatt streichen.

4 Den Kuchen im Backofen (Mitte) 30–35 Min. backen, bis an einem hineingesteckten Holzstäbchen kein Teig mehr kleben bleibt. Den Kuchen herausnehmen, auskühlen lassen und mit einem Faden oder scharfen Messer horizontal halbieren. Den unteren Boden in einen Tortenring setzen.

5 Die Stachelbeeren durch ein Sieb abgießen, dabei die Flüssigkeit auffangen. 100 ml davon abmessen, mit Agar-Agar, Pfeilwurzelstärke, Agavendicksaft und Vanille verrühren, aufkochen und ca. 2 Min. bei schwacher Hitze köcheln lassen. Die Mischung lauwarm abkühlen lassen und die Stachelbeeren einrühren. Alles auf dem Tortenboden verteilen und den zweiten Boden darauflegen.

6 Das gekühlte Kokosmus mit den Quirlen des Handrührgeräts auf mittlerer Stufe kurz aufschlagen. Falls die Masse flockt, ein wenig Pflanzenmilch hinzufügen und alles nochmals kurz aufschlagen. Die Kokoscreme mit Agavendicksaft abschmecken und auf der Oberfläche der Torte verstreichen. Kurz vor dem Servieren die Zuckerperlen daraufstreuen.

SO DARF FRUCHTIGE TORTE AUCH MAL AUSSEHEN:

SCHÖN QUIETSCHBUNT UND ZUM ANBEISSEN LECKER.

UND DAS BESTE SIND DIE BUNTEN STREUSEL OBENDRAUF!

PANCAKE-TORTE

FÜR DIE PANCAKES

140 g Weizenmehl (Type 405) oder Dinkelmehl (Type 630)
50 g gehackte Mandeln
50 g Zucker
1 Prise Salz
1 TL Natron
1/2 TL Bourbonvanillepulver
350 ml Soja- oder Kokosmilch*
2 EL Orangenlikör (nach Belieben)
1 EL neutrales Pflanzenöl

FÜR DIE FÜLLUNG

400 g Nektarinen
400 g Kiwi
1 gestrichener TL Agar-Agar*
2 Msp. Pfeilwurzelstärke*

FÜR DIE DEKORATION

70 g Puderzucker
2 EL Ahornsirup
200 g Himbeeren

AUSSERDEM

1 beschichtete Pfanne (Ø ca. 26 cm)
neutrales Pflanzenöl zum Braten
1 Tortenring

FÜR 1 TORTE (12 STÜCKE)

Zubereitungszeit: ca. 50 Min.
Kühlzeit: mind. 3 Std.
Pro Stück ca. 200 kcal, 4 g EW, 5 g F, 34 g KH

1 Für die Pancakes alle Zutaten mit einem Schneebesen zu einem glatten Teig verrühren. Eine beschichtete Pfanne erhitzen und mit 1 TL Öl einpinseln. 1 Suppenkelle Teig hineingeben, gleichmäßig verteilen und den Pancake ca. 1 Min. bei mittlerer Hitze backen, bis sich Bläschen an der Oberfläche zeigen. Den Pancake wenden, von der anderen Seite ca. 30 Sek. backen und auf einen Teller gleiten lassen. Auf diese Art 3 Pfannkuchen herstellen und abkühlen lassen.

2 Für die Füllung die Nektarinen waschen, halbieren und entsteinen. Die Kiwis schälen. Beide Obstsorten getrennt ca. 1 cm groß würfeln.

3 1/2 TL Agar-Agar und 1 Msp. Pfeilwurzelstärke in 50 ml Wasser auflösen und unter Rühren aufkochen. Die Nektarinenwürfel zugeben. Die Mischung 2 Min. bei mittlerer Hitze köcheln lassen, in eine Schüssel geben und abkühlen lassen, dabei hin und wieder umrühren. Übriges Agar-Agar und übrige Pfeilwurzelstärke ebenfalls mit 50 ml Wasser anrühren und die Kiwiwürfel damit ebenso binden.

4 Einen Pancake auf eine Tortenplatte legen und den Tortenring darum aufstellen. Die Nektarinenmischung auf dem Pfannkuchen verteilen und glatt streichen. Einen weiteren Pancake darauflegen und die Kiwimischung darauf verteilen. Mit 1 weiteren Pancake abdecken und die Torte 3 Std. oder über Nacht kühlen.

5 Kurz vor dem Servieren den Tortenring abnehmen. Puderzucker und Ahornsirup verrühren und mit einem Löffel dekorativ auf der Torte verteilen. Die Himbeeren vorsichtig in stehendem Wasser waschen, abtropfen lassen und die Torte damit garnieren.

BACKEN
OHNE OFEN

VANILLETARTE

MIT BEEREN

FÜR DIE FÜLLUNG
300 g Cashewnusskerne
150 g Zucker
80 g Speisestärke
1 1/2 TL Bourbonvanillepulver

FÜR DEN TEIG
250 g Weizenmehl (Type 405) oder Dinkelmehl (Type 630)
150 g Zucker
1/2 TL Bourbonvanillepulver
1 Prise Salz
1 Msp. Backpulver
100 ml neutrales Pflanzenöl

AUSSERDEM
1 Springform (Ø 26 cm)
neutrales Pflanzenöl für die Form
400 g gemischte Beeren
ein paar Blättchen Zitronenmelisse oder Minze zum Garnieren

FÜR 1 TARTE- OER SPRINGFORM (Ø 26 CM, 12 STÜCKE)
Zubereitungszeit: ca. 40 Min.
Einweichzeit: ca. 6 Std.
Kühlzeit: ca. 30 Min.
Backzeit: ca. 25 Min.
Pro Stück ca. 460 kcal, 7 g EW, 19 g F, 65 g KH

1 Rechtzeitig vor dem Backen die Cashewnüsse mit reichlich Wasser übergießen und mindestens 6 Std. einweichen lassen.

2 Kurz vor dem Backen für den Teig alle trockenen Zutaten miteinander vermischen. Öl und 4 EL eiskaltes Wasser hinzugeben und alles mit den Händen rasch zu einem gleichmäßigen Teig verkneten. Die Form fetten, den Teig hineindrücken und dabei einen ca. 4 cm hohen Rand formen. Den Teig mit Form ca. 30 Min. in den Kühlschrank stellen.

3 Den Backofen auf 180° vorheizen. Für die Füllung die Cashewnüsse durch ein Sieb abgießen und mit 1 l frischem Wasser, Zucker, Speisestärke und Vanille im Mixer oder mit dem Pürierstab sehr fein pürieren.

4 Die Masse auf den gekühlten Tarteboden geben, glatt streichen und die Tarte im heißen Ofen (unten) ca. 25 Min. backen. Die Tarte herausnehmen, komplett auskühlen lassen und aus der Springform lösen.

5 Die Beeren verlesen, waschen, abtropfen lassen, von Stielen befreien und auf der ausgekühlten Tarte verteilen. Die Zitronenmelisse oder Minze kalt abbrausen, trocken schütteln und die Torte damit garnieren.

MIT FIXEM MÜRBETEIG

DER MIXER MACHT'S: NÄMLICH AUS CASHEWNÜSSEN EINE CREMIG-ZARTE FÜLLUNG, UND DAS GANZ OHNE TOFU ODER PFLANZENSAHNE!

FÜR DEN SCHOKO-SCHOCK

CHERRY-CHOC-TARTE

FÜR DEN TEIG
50 g Bitterschokolade* (mind. 55 % Kakaoanteil)
200 g Dinkelmehl (Type 1050)
80 g Zucker
1/2 TL Bourbonvanillepulver
2 TL Natron
220 ml Sojamilch*
100 g Sojaghurt*
40 ml neutrales Pflanzenöl
2 TL Apfel- oder Weißweinessig*

FÜR DEN BELAG
220 g Sauerkirschen
(ersatzweise 200 g TK-Sauerkirschen, aufgetaut, abgetropft)
1 EL Agavendicksaft*
1 Msp. Guarkernmehl*
150 g Bitterschokolade* (mind. 55 % Kakaoanteil)
100 ml Sojamilch*
1 Msp. Bourbonvanillepulver

AUSSERDEM
neutrales Pflanzenöl für die Form

FÜR 1 OBSTBODEN- ODER TARTEFORM (Ø 26 CM, 12 STÜCKE)
Zubereitungszeit: ca. 35 Min.
Backzeit: ca. 12 Min.
Kühlzeit: ca. 40 Min.
Pro Stück ca. 235 kcal, 5 g EW, 11 g F, 27 g KH

1 Den Backofen auf 190° vorheizen. Die Form einfetten.

2 Für den Teig die Schokolade schmelzen. Die trockenen Zutaten in einer Schüssel vermischen. Sojamilch, Sojaghurt, Öl und Essig dazugeben und alles mit einem Rührlöffel oder den Quirlen des Handrührgeräts rasch zu einem glatten Teig verrühren.

3 Den Teig in die Form füllen und den Tarteboden im Backofen (Mitte) 10–12 Min. backen, bis an einem hineingesteckten Holzstäbchen kein Teig mehr hängen bleibt. Den Boden aus dem Ofen nehmen und vollständig abkühlen lassen.

4 In der Zwischenzeit für den Belag frische Sauerkirschen waschen, entstielen und entsteinen. Nach Belieben 12 schöne Kirschen zum Garnieren zurückbehalten. Die übrigen mit dem Agavendicksaft grob pürieren. Das Guarkernmehl einrühren.

5 Die Schokolade fein hacken. 100 ml Sojamilch erhitzen, vom Herd ziehen, die gehackte Schokolade hineingeben und ca. 5 Min. stehen lassen. Die Vanille zufügen und alles langsam verrühren, bis eine glatte Creme entstanden ist.

6 Den Tarteboden vorsichtig aus der Form lösen und mit der Sauerkirschmasse bestreichen. Die Schokoladencreme darauf verteilen und glatt streichen. Den Kuchen ca. 40 Min. kalt stellen. Kurz vor dem Servieren die zurückbehaltenen Kirschen darauf verteilen.

GESUCHT, GEFUNDEN: SCHOKOLADE UND KIRSCHEN SIND EINFACH EIN TRAUMPAAR.

MIT DIESER TOLLEN TARTE FLIEGEN IHNEN AUCH UNSERE HERZEN ZU!

KEKS-SCHICHTTORTE

MIT MATCHA

KEKSTORTE RELOADED

FÜR DIE KEKSE
100 g Haselnusskrokant
120 g Weizenmehl (Type 405) oder Dinkelmehl (Type 630)
2 EL Zucker
1 Prise Salz
60 g gefrorene oder kalte Margarine*
(siehe Tipp S. 66)
1 TL Pflanzenmilch*

FÜR DIE MATCHA-SCHOKOLADE
600 g vegane weiße Schokolade*
2 EL Kokosöl* (Bioladen)
5 TL Matcha-Teepulver (Tee- oder Asienladen)

AUSSERDEM
Weizen- oder Dinkelmehl zum Verarbeiten
Backpapier für das Blech

FÜR 1 KASTENFORM (30 CM, 12 STÜCKE)
Zubereitungszeit: ca. 50 Min.
Kühlzeit: ca. 5 Std.
Backzeit: ca. 10 Min.
Pro Stück ca. 410 kcal, 4 g EW, 22 g F, 48 g KH

1 Für die Kekse die trockenen Zutaten vermischen. Gefrorene Margarine darüberreiben oder kalte Margarine in Flöckchen zugeben und alles mit den Knethaken des Handrührgeräts oder den Händen krümelig mischen. Nach und nach Pflanzenmilch und 1–2 TL eiskaltes Wasser zufügen, bis sich die Krümel zusammenklumpen. Alles mit den Händen schnell verkneten, den Teig zu einer Kugel formen, flach drücken und in Frischhaltefolie gewickelt 1 Std. kalt stellen.

2 Den Backofen auf 180° vorheizen. Den gekühlten Teig zwischen zwei Lagen Frischhaltefolie oder auf wenig Mehl ca. 0,5 cm dünn ausrollen und in neun Quadrate (ca. 6 × 6 cm) schneiden.

3 Die Kekse mit Abstand auf ein mit Backpapier belegtes Blech legen und im Backofen (Mitte) in 8–10 Min. haselnussbraun backen. Herausnehmen und abkühlen lassen.

4 In der Zwischenzeit für die Matcha-Schokolade die Schokolade fein hacken und über dem Wasserbad schmelzen. Kokosöl und Matchapulver gut unterrühren.

5 Die Kastenform mit Frischhaltefolie auslegen und 1/4 der Schokolade gleichmäßig auf dem Boden verteilen. Die Schokolade in ca. 5 Min. im Gefrierfach fest werden lassen, dann 3 Kekse auf die Schokoschicht legen, mit einem weiteren Viertel Schokolade bedecken und wieder kühlen. Den Vorgang noch zweimal wiederholen und mit einer Schicht Schokolade abschließen. Die Kekstorte mind. 4 Std. im Kühlschrank fest werden lassen.

6 Die Torte ca. 1 Std. vor dem Servieren Zimmertemperatur annehmen lassen, damit sie sich gut schneiden lässt.

DAS HERBE GRÜNTEEPULVER FÄRBT DIE WEISSE SCHOKOLADE GRÜN UND SORGT DAFÜR, DASS DIESE SCHICHTTORTE NICHT ZU SÜSS WIRD.

»FRISCHKÄSE«-SAHNE-TORTE

EIN KLASSIKER!

FÜR DIE »KÄSE«-SAHNE-CREME
1 kg ungesüßter Sojaghurt*
100 ml Agavendicksaft*
1/2 TL Bourbonvanillepulver
1 Bio-Zitrone
350 ml kalte aufschlagbare Pflanzensahne*
3 TL Agar-Agar* | 1 TL Pfeilwurzelstärke*

FÜR DEN TEIG
100 g Weizenmehl (Type 405) oder Dinkelmehl (Type 630)
50 g gemahlene Mandeln
1/2 TL Natron | 1 Prise Salz
2 EL neutrales Pflanzenöl
40 ml Agavendicksaft*
180 ml Sprudelwasser

AUSSERDEM
Backpapier für die Form
1 Tortenring

FÜR 1 SPRINGFORM (Ø 26 CM, 12 STÜCKE)
Zubereitungszeit: ca. 40 Min.
Abtropfzeit: ca. 8 Std.
Kühlzeit: ca. 6 Std.
Backzeit: ca. 12 Min.
Pro Stück ca. 245 kcal, 6 g EW, 13 g F, 25 g KH

1 Am Vortag für die Creme ein feines Sieb mit Küchenpapier oder einem feinen Tuch auslegen und den Sojaghurt hineinfüllen. Das Sieb auf eine Schüssel stellen und den Sojaghurt abgedeckt im Kühlschrank mind. 8 Std. (oder über Nacht) abtropfen lassen.

2 Am nächsten Tag den abgetropften Sojaghurt mit Agavendicksaft und Vanille verrühren. Die Zitrone heiß abwaschen, abtrocknen, die Schale abreiben und den Saft einer Hälfte auspressen (die übrige Zitronenhälfte anderweitig verwenden). 1 EL Zitronensaft für den Boden abnehmen, den übrigen Saft und die Zitronenschale zum Sojaghurt geben.

3 Die Hälfte der Pflanzensahne mit Agar-Agar und Pfeilwurzelstärke verquirlen. Die Mischung unter Rühren aufkochen, 1–2 Min. bei schwacher Hitze köcheln und lauwarm abkühlen lassen. Dabei hin und wieder umrühren. Die restliche Sahne steif schlagen und die Agar-Agar-Sahne-Mischung unterrühren. Die Sahnecreme nochmals aufschlagen und den Sojaghurt unterheben. Die Creme bis zur Verwendung kalt stellen.

4 Den Backofen auf 170° vorheizen. Den Boden der Springform mit Backpapier auslegen. Alle trockenen Zutaten für den Teig vermischen. Öl, Agavendicksaft, Sprudelwasser und 1 EL Zitronensaft zugeben und alles mit einem Küchenspatel nur kurz vermischen (kleinere Klümpchen lösen sich beim Backen auf). Den Teig in die Form füllen, glatt streichen und im Backofen (Mitte) 12 Min. backen. Den Boden herausnehmen, abkühlen lassen und vom Backpapier lösen.

5 Einen Tortenring um den Boden aufstellen, die Creme einfüllen und mit einem Löffel glatt streichen. Die Torte mindestens 3 Std., besser 5–6 kühlen, dann mit einem scharfen Messer aus dem Tortenring lösen und servieren.

PFLANZLICHEN FRISCHKÄSE GIBT'S NICHT SO OFT, ALSO MACHEN WIR IHN EINFACH SELBST.

UND AUFGEPASST, LIEBE VEGANISTAS: DAMIT DIE CREME SCHÖN FEST WIRD,

MUSS DIE SAHNE NATÜRLICH AUFSCHLAGBAR SEIN!

MANGO-MARZIPAN-TARTE

MIT JOGHURTCREME

FÜR DIE FÜLLUNG
300 g Seidentofu*
250 g reife Mango
1 Bio-Limette
2 EL Agavendicksaft*
1/2 TL Bourbonvanillepulver
1 TL Pfeilwurzelstärke*
2 EL Speisestärke

FÜR DEN MARZIPANBODEN
350 g Weizenmehl (Type 405) oder Dinkelmehl (Type 630)
2 EL Puderzucker
1/2 TL Backpulver
1 Prise Salz
200 g Marzipanrohmasse
3 EL kalte Margarine*

FÜR DIE JOGHURTCREME
150 ml kalte aufschlagbare Pflanzensahne*
80 g ungesüßter Sojaghurt*
1-2 TL Agavendicksaft* (nach Belieben)

AUSSERDEM
Margarine für die Form

FÜR 1 SPRINGFORM (Ø 26 CM, 12 STÜCKE)
Zubereitungszeit: ca. 25
Kühlzeit: ca. 25 Min.
Backzeit: ca. 40 Min.
Pro Stück ca. 285 kcal, 6 g EW, 10 g F, 42 g KH

EIN HAUCH EXOTIK

1 Für die Füllung den Seidentofu in einem mit Küchenpapier ausgelegten Sieb etwas abtropfen lassen. Die Mango schälen, das Fruchtfleisch vom Stein schneiden und würfeln. Die Limette heiß abwaschen, abtrocknen, die Schale abreiben und den Saft auspressen. Die Hälfte des Safts mit Tofu, Mango, Agavendicksaft, Vanille und den beiden Stärkesorten fein pürieren. Die Creme bis zur Verwendung kalt stellen.

2 Für den Boden Mehl, Puderzucker, Backpulver und Salz vermischen. Das Marzipan in Würfel schneiden und mit der Margarine unter die übrigen Zutaten kneten. Nach und nach 2–3 EL eiskaltes Wasser hinzufügen, bis der Teig sich zu einem Ball formen lässt. Die Form fetten. Den Teig zwischen zwei Lagen Frischhaltefolie etwas größer als die Springform ausrollen und in die Form legen. Einen Rand von ca. 3 cm hochziehen und den Boden für ca. 30 Min. kalt stellen.

3 Den Backofen auf 180° vorheizen. Den Teig mit einer Gabel mehrmals einstechen und den Boden im Backofen (Mitte) 8 Min. vorbacken. Die Hitze auf 160° reduzieren. Die Füllung in den Boden gießen, glatt streichen und im Backofen (Mitte) ca. 30 Min. backen. Die Tarte herausnehmen und auskühlen lassen.

4 In der Zwischenzeit für die Joghurtcreme die Sahne aufschlagen. Sojaghurt, übrigen Limettensaft und Limettenschale unterheben und die Creme mit Agavendicksaft zur gewünschten Süße abschmecken. Die Creme bis zur Verwendung kalt stellen. Sobald die Tarte ausgekühlt ist, die Creme daraufstreichen. Dabei mit einer Palette oder einem Esslöffel dekorative Wellen formen.

HIER HABE ICH DIE MARGARINE IM MÜRBETEIG DURCH MARZIPAN ERSETZT.

DAS MACHT DEN BODEN SUPERAROMATISCH UND PASST TOLL ZUR MANGO.

BLAUBEERTARTE

MIT WEISSER GANACHE

BEERENSTARK!

FÜR DEN TEIG

80 g gehackte Mandeln
150 g Dinkelmehl (Type 1050)
1/2 TL Bourbonvanillepulver
1 gestrichener TL Natron
60 g Zucker
250 ml Sojamilch*
100 g Sojaghurt*
40 ml neutrales Pflanzenöl
2 TL Apfel- oder Weißweinessig*

FÜR DEN BELAG

100 g weiße vegane Schokolade*
70 ml Pflanzenmilch*
1 Msp. Bourbonvanillepulver
400 g Blaubeeren

AUSSERDEM

neutrales Pflanzenöl für die Form
2-3 Stängel Zitronenmelisse oder Minze

FÜR 1 OBSTBODEN- ODER TARTEFORM (Ø 26 CM, 12 STÜCKE)

Zubereitungszeit: ca. 25 Min.
Backzeit: ca. 12 Min.
Pro Stück ca. 210 kcal, 5 g EW, 11 g F, 22 g KH

1 Den Backofen auf 190° vorheizen und die Form fetten.

2 Für den Teig alle trockenen Teigzutaten mischen. Sojamilch, Sojaghurt, Öl und Essig zugeben und alles mit einem Rührlöffel oder den Quirlen des Handrührgeräts rasch zu einem glatten Teig verrühren.

3 Den Teig in die Form füllen und den Tarteboden im heißen Backofen (Mitte) 10–12 Min. backen, bis an einem hineingesteckten Holzstäbchen kein Teig mehr kleben bleibt. Den Tarteboden aus dem Ofen nehmen und auf einem Kuchengitter vollständig auskühlen lassen.

4 In der Zwischenzeit für den Belag die Schokolade hacken. Die Pflanzenmilch mit der Vanille aufkochen und vom Herd nehmen. Die gehackte Schokolade dazugeben und alles 2 Min. stehen lassen. Die Mischung langsam verrühren, bis die Schokolade geschmolzen ist und sich mit der Milch zu einer glatten Ganache verbunden hat.

5 Die Blaubeeren verlesen, waschen und abtropfen lassen. Den Tarteboden vorsichtig aus der Form lösen und mit der weißen Ganache bestreichen. Die Blaubeeren auf der Creme verteilen. Zitronenmelisse oder Minze kalt abbrausen, trocken schütteln und die Tarte mit den Blättchen garnieren.

DIE BLAUBEERSAISON IST KURZ – LADEN SIE AM BESTEN JETZT SCHON MAL LIEBE LEUTE EIN, DIE SIE MIT DIESER TARTE VERWÖHNEN KÖNNEN!

LEMON-CURD-TORTE

SAUER MACHT SELIG!

FÜR DIE ZITRONENCREME
1 Bio-Zitrone | 1 große Orange
100 g Zucker
30 g Speisestärke
2 EL Pflanzenmilch*
1 Msp. Bourbonvanillepulver

FÜR DEN BISKUIT
1 Bio-Zitrone
400 g Dinkelmehl (Type 630)
200 g Puderzucker
2 gestrichene TL Natron
1 TL Bourbonvanillepulver | 1 Prise Salz
120 ml neutrales Pflanzenöl
2 TL Apfel- oder Weißweinessig*
220 ml Sprudelwasser
180 g Sojaghurt*

FÜR DIE DEKORATION
200 ml kalte aufschlagbare Pflanzensahne*
1/2–1 TL Pfeilwurzelstärke*
1 TL Puderzucker | 1 Bio-Zitrone

AUSSERDEM
Backpapier für die Form

FÜR 1 SPRINGFORM (Ø 26 CM, 12 STÜCKE)
Zubereitungszeit: ca. 1 Std.
Backzeit: ca. 35 Min.
Pro Stück ca. 375 kcal, 6 g EW, 15 g F, 54 g KH

1 Für die Zitronencreme die Zitrone heiß abwaschen, abtrocknen, die Schale abreiben. Zitrone und Orange auspressen und die Saftmischung mit Wasser auf 300 ml auffüllen. 200 ml davon zusammen mit dem Zucker aufkochen. Die übrige Saftmischung mit der Stärke glatt rühren und unter Rühren in die kochende Flüssigkeit geben. Alles 2 Min. köcheln, dabei ständig rühren. Den Topf vom Herd nehmen, abkühlen lassen und Pflanzenmilch sowie Vanille einrühren. Die Creme zugedeckt abkühlen lassen.

2 Den Backofen auf 180° vorheizen. Den Boden der Springform mit Backpapier belegen. Für den Biskuit die Zitrone heiß abwaschen, trocknen, die Schale abreiben und den Saft auspressen. Zitronenschale und alle trockenen Teigzutaten vermischen, Öl, Essig, Sprudelwasser, Sojaghurt und Zitronensaft zugeben und alles rasch verrühren. Den Teig in die Form füllen, glatt streichen und den Kuchen im Backofen (Mitte) 35–40 Min. backen, bis an einem hineingesteckten Holzstäbchen kein Teig mehr kleben bleibt.

3 Den Biskuit herausnehmen, auskühlen lassen und aus der Form lösen. Die Oberfläche begradigen, falls nötig, und den Kuchen horizontal teilen. Einen der Böden mit der Hälfte der Zitronencreme bestreichen, den zweiten Boden auflegen.

4 Für die Dekoration die Sahne aufschlagen, 1/2 TL Stärke dazugeben und die Mischung nochmals aufschlagen, bis sie cremig-fest wirkt. Falls nötig, noch 1/2 TL Stärke zugeben. Die übrige Zitronencreme unterheben. Die Creme mit Zucker abschmecken und ca. 1 Std. kühlen. Anschließend die Torte rundum damit bestreichen.

5 Die Zitrone heiß waschen, abtrocknen und in zwölf ca. 3 mm dicke Scheiben schneiden. Jede Scheibe bis zur Mitte einschneiden, verdrehen und die Zitronenscheiben auf die Torte setzen. Die Torte bis zum Servieren im Kühlschrank aufbewahren.

LEMON CURD IST EINE ENGLISCHE ZITRONENCREME MIT REICHLICH BUTTER UND EIGELB.

MEINE EIFREIE VERSION KOMMT DAFÜR SUPERZITRONENFRUCHTIG DAHER.

CREMIG GEFÜLLT

JOHANNISBEER-KUPPELTORTE

FÜR DIE FÜLLUNG
400 g Rote Johannisbeeren
2-3 EL Zucker (je nach gewünschter Süße)
80 g ungesüßter Sojaghurt*
350 ml kalte aufschlagbare Pflanzensahne*
1 1/2 TL Agar-Agar*
2 TL Pfeilwurzelstärke*

FÜR DEN TEIG
300 g Weizenmehl (Type 405)
150 g Puderzucker
2 gestrichene TL Natron
1 Prise Salz
90 ml neutrales Pflanzenöl
2 TL Apfel- oder Weißweinessig*
200 ml Sprudelwasser
150 g ungesüßter Sojaghurt*

AUSSERDEM
Backpapier für die Form
1 Schüssel (Fassungsvermögen ca. 3 l, Ø 20-25 cm)
2 EL Puderzucker

FÜR 2 SPRINGFORMEN (Ø 26 CM UND 18-20 CM, ERGIBT 12 STÜCKE)
Zubereitungszeit: ca. 40 Min.
Backzeit: ca. 25 Min.
Kühlzeit: ca. 8 Std.
Pro Stück ca. 335 kcal, 4 g EW, 15 g F, 46 g KH

1 Für die Füllung die Beeren waschen, verlesen und drei schöne Rispen für die Dekoration beiseitelegen. Die restlichen Beeren vom Stiel zupfen, mit Zucker, Sojaghurt und 50 ml Wasser pürieren und das Beerenmus durch ein feines Sieb passieren.

2 100 ml der Sahne mit Agar-Agar und Pfeilwurzelstärke verrühren, aufkochen und 2 Min. kochen. Die Mischung lauwarm abkühlen lassen. Die übrige Sahne steif schlagen, mit Beerencreme und der Sahne-Agar-Agar-Mischung verrühren und bis zur Verwendung kalt stellen.

3 Den Backofen auf 180° vorheizen. Alle trockenen Teigzutaten gut vermischen. Dann Öl, Essig, Sprudelwasser und Sojaghurt zugeben und alles rasch verrühren. Kleinere Klümpchen im Teig lösen sich durch die Kohlensäure des Wassers beim Backen auf.

4 Die Böden der Formen mit Backpapier auslegen. Zwei Drittel des Teigs in die große, den Rest in die kleine Form füllen. Die Böden im Backofen (Mitte) ca. 25 Min. backen, bis an einem hineingesteckten Holzstäbchen kein Teig mehr hängen bleibt. Den kleinen Boden ggf. früher herausnehmen. Beide Böden ca. 10 Min. abkühlen lassen und aus den Formen lösen.

5 Die Schüssel mit Frischhaltefolie auskleiden. Den großen Boden noch lauwarm hineinlegen und leicht in Form drücken. Die Creme hineinfüllen, den kleinen Boden darauflegen und andrücken. Überstehende Ränder abschneiden, die Schüssel abdecken und mind. 8 Std. (oder über Nacht) in den Kühlschrank stellen.

6 Vor dem Servieren die Torte vorsichtig stürzen und die Folie abziehen. Die Torte mit Puderzucker bestäuben und mit den Johannisbeerrispen garnieren.

EINE SCHÜSSEL MACHT AUS EINER GEWÖHNLICHEN TORTE EINEN RAFFINIERTEN

HINGUCKER. KEINE PANIK, WENN DER BODEN ETWAS EINREISST:

DIE FÜLLUNG HÄLT DIE TORTE PERFEKT ZUSAMMEN.

FRUCHTIGER HERBSTGRUSS

BIRNEN-TORTE

FÜR DEN TEIG
500 g Dinkelmehl (Type 1050)
300 g Zucker
2 TL Natron
1 Prise Salz
200 ml Sojamilch*
200 g ungesüßter Sojaghurt*
150 ml neutrales Pflanzenöl
1 EL Apfel- oder Weißweinessig*

FÜR DIE FÜLLUNG
400 g reife Birnen
1 TL Agar-Agar*
1/2 TL Pfeilwurzelstärke*
1–2 EL Agavendicksaft*
1/2 TL Zimtpulver

FÜR DAS TOPPING
100 ml kalte aufschlagbare Pflanzensahne*
1 Pck. Sahnefestiger
(falls nötig, Packungshinweis der Sahne beachten)
1/2 Birne
1 EL Zitronensaft
1 TL Kakaopulver

AUSSERDEM
neutrales Pflanzenöl für die Form

FÜR 1 SPRINGFORM (Ø 28 CM, 12 STÜCKE)
Zubereitungszeit: ca. 30 Min.
Kühlzeit: ca. 4 Std.
Backzeit: ca. 1 Std.
Pro Stück ca. 430 kcal, 8 g EW, 16 g F, 63 g KH

1 Den Backofen auf 180° vorheizen und die Form fetten. Für den Teig die trockenen Zutaten mischen. Sojamilch, Sojaghurt, Öl und Essig zugeben und alles mit einem Rührlöffel oder den Quirlen des Handrührgeräts rasch zu einem zähen Teig verrühren.

2 Den Teig in die Form füllen und glatt streichen. Den Tortenboden im Backofen (Mitte) ca. 1 Std. backen, bis an einem hineingesteckten Holzstäbchen kein Teig mehr hängen bleibt. Den Kuchen herausnehmen, auskühlen lassen und aus der Form lösen. Die Oberfläche mit einem scharfen Messer begradigen, falls nötig.

3 Für die Füllung die Birnen waschen, halbieren, das Kerngehäuse entfernen und das Fruchtfleisch ungeschält würfeln. Die Birnenwürfel mit Agar-Agar, Stärke, Agavendicksaft, Zimt und 80 ml Wasser in einem Topf aufkochen und zugedeckt in 8–10 Min. bei schwacher Hitze weich dünsten. Die Mischung fein pürieren und ca. 10 Min. abkühlen lassen, dabei hin und wieder umrühren (am schnellsten geht das, wenn Sie den Topf ins kalte Wasserbad stellen).

4 Einen Tortenring um den Boden aufstellen, das Birnenmus auf den Boden geben und glatt streichen. Den Kuchen mindestens 4 Std. (oder über Nacht) in den Kühlschrank stellen.

5 Vor dem Servieren für das Topping die Sahne aufschlagen und auf dem Birnenmus verstreichen. Die Birnenhälfte waschen und ohne Kerngehäuse in sehr dünne Scheiben schneiden. Die Scheiben mit Zitronensaft beträufeln. Die Torte mit den Birnenscheiben dekorieren und mit Kakaopulver bestäuben.

SCHOKO-HEIDELBEER-MINITORTE

PERFEKT ZUM VERSCHENKEN

FÜR FÜLLUNG UND DEKORATION
175 g Ganache (Schokocreme, siehe Rezept S. 59, halbe Menge)
50 g Heidelbeerkonfitüre
250 g zimmerwarmes farbiges Rollfondant*
(z. B. dunkelgrün oder violett)
3 EL Puderzucker
1 Msp. Johannisbrotkernmehl*

FÜR DEN TEIG
300 g Dinkelmehl (Type 630) | 80 g Zucker
40 g Kakaopulver | 2 TL Backpulver | 1 Prise Salz
200 ml Heidelbeersaft | 50 ml neutrales Pflanzenöl
80 g ungesüßter Sojaghurt* | 150 ml Sprudelwasser

AUSSERDEM
neutrales Pflanzenöl für die Form und zum Verarbeiten
1 Spritzbeutel mit kleiner Lochtülle

FÜR 1 SPRINGFORM (Ø 18 CM, 12 STÜCKE)
Zubereitungszeit: ca. 1 Std. 30 Min.
Backzeit: ca. 55 Min
Kühl- und Trockenzeit: ca. 2 Std. 30 Min.
Pro Stück ca. 345 kcal, 5 g EW, 12 g F, 54 g KH

1 Die Ganache vorbereiten und 1 Std. kalt stellen.

2 Den Backofen auf 180° vorheizen und die Form fetten. Für den Teig alle trockenen Zutaten mischen. Heidelbeersaft, Öl, Sojaghurt und Sprudelwasser zugeben und alles mit einem Rührlöffel oder den Quirlen des Handrührgeräts rasch zu einem glatten Teig verrühren. Den Teig in die Form füllen und im Backofen (Mitte) 50–55 Min. backen, bis an einem hineingesteckten Holzstäbchen kein Teig mehr kleben bleibt. Den Kuchen auskühlen lassen, aus der Form lösen und nach Belieben die Oberfläche mit einem Messer begradigen.

3 Den Kuchen waagerecht halbieren. Einen Boden mit der Heidelbeerkonfitüre bestreichen und den zweiten auflegen. Die Torte mit der Ganache umhüllen und die Oberfläche glatt streichen. Die Torte ca. 1 Std. in den Kühlschrank stellen.

4 Den Fondant kurz kneten und zu einer Kugel formen. Eine Arbeitsfläche (bzw. Silikonmatte) und das Nudelholz leicht einölen und den Fondant auf 28 cm Ø ausrollen. Die Torte damit überziehen, die Fondantkanten dabei gerade nach unten streichen und die überstehenden Reste rundherum abschneiden.

5 Für die Dekoration Puderzucker und Johannisbrotkernmehl mit 2–3 TL Wasser glatt rühren. Mithilfe eines Spritzbeutels mit kleiner Lochtülle florale Ranken auf die Torte spritzen, mind. 20 Min. trocknen lassen und die Torte bis zum Anschneiden kühl stehen lassen. Nach dem Anschneiden in den Kühlschrank stellen.

MEIN KÜCHENPRAXISTIPP

Fondant ist eine formbare Zuckermasse zum Dekorieren von Torten. Reste halten sich luftdicht verpackt mehrere Monate im Kühlschrank. Mit Fondant umhüllte Torten stellen Sie am besten nach dem Anschneiden mit 1 Schüssel Salz in den Kühlschrank. Salz nimmt die überschüssige Feuchtigkeit auf und sorgt dafür, dass die Zuckermasse länger hält.

KLEIN? JA, ABER VOR ALLEM FEIN! UMHÜLLT MIT GANACHE UND FONDANT, BLEIBT DIESE TORTE SCHÖN SAFTIG.

MANGO-ORANGEN-TORTE

IM KLEINFORMAT

LIEBLINGS-WINTEROBST

FÜR DEN TEIG
3 mittelgroße Bio-Orangen
200 g Weizenmehl (Type 405) oder Dinkelmehl (Type 630)
100 g Puderzucker
1 TL Natron
1/2 TL Bourbonvanillepulver
1 Prise Salz
60 ml neutrales Pflanzenöl
2 TL Apfel- oder Weißweinessig*
140 ml Sprudelwasser
90 g ungesüßter Sojaghurt*

FÜR DAS TOPPING
150 ml kalte aufschlagbare Pflanzensahne*
150 ml Mangosaft
30 g Speisestärke
6 EL Agavendicksaft*
2 Msp. Agar-Agar*

AUSSERDEM
neutrales Pflanzenöl für die Form
3-4 EL Orangenlikör
(ersatzweise Orangensaft)
1 Tortenring
3 EL gehobelte Mandeln

FÜR 1 SPRINGFORM (Ø 16–18 CM, 12 STÜCKE)
Zubereitungszeit: ca. 1 Std. 30 Min.
Backzeit: ca. 40 Min.
Kühlzeit: ca. 4 Std.
Pro Stück ca. 250 kcal, 3 g EW, 10 g F, 37 g KH

1 Den Backofen auf 180° vorheizen und die Form fetten. Für den Teig die Orangen heiß abwaschen, trocknen und die Schale abreiben. Anschließend die Früchte bis ins Fruchtfleisch hinein schälen und die Filets zwischen den Trennhäutchen herausschneiden. Den Saft dabei auffangen. 12 schöne Filets für die Dekoration beiseitelegen, den Rest grob hacken.

2 Alle trockenen Teigzutaten vermischen. Öl, Essig, Sprudelwasser und Sojaghurt zugeben und alles rasch verrühren. Den Teig in die Form füllen und glatt streichen. Den Kuchen im Backofen (Mitte) 35–40 Min. backen, bis an einem hineingesteckten Holzstäbchen kein Teig mehr hängen bleibt. Den Kuchen herausnehmen, auskühlen lassen und aus der Form lösen. Den Kuchen mehrfach mit einer Gabel einstechen und mit dem Orangenlikör oder -saft beträufeln.

3 Für das Topping Sahne und Mangosaft verrühren. Ein Drittel von der Mischung abnehmen und mit Stärke, Agavendicksaft und Agar-Agar glatt rühren. Die übrige Flüssigkeit aufkochen. Die angerührte Stärkemischung zugeben und alles unter Rühren 2 Min. köcheln lassen. Die Creme vom Herd nehmen und abgedeckt auf Zimmertemperatur abkühlen lassen. Dann für 1 Std. in den Kühlschrank stellen.

4 Die gekühlte Creme mit den Quirlen des Handrührgeräts 1–2 Min. steif schlagen. Den Tortenring um den Kuchen aufstellen, die Mangocreme auf dem Boden verteilen und die zurückbehaltenen Orangenfilets um den Tortenrand herumlegen. Die Torte ca. 3 Std. im Kühlschrank fest werden lassen. Kurz vor dem Servieren die Mandeln in einer Pfanne ohne Fett goldbraun anrösten, abkühlen lassen und die Torte damit bestreuen.

DOPPELT FRUCHTIG HÄLT BESSER! DIE ORANGEN IM BODEN GEBEN EINE HERBE NOTE, DIE FÜLLUNG GELINGT CREMIG-SÜSS. DARF'S NOCH EIN STÜCKCHEN MEHR SEIN?

KAFFEETORTE

MIT APRIKOSENFÜLLUNG

FÜR DIE GANACHE
200 ml kalte aufschlagbare Pflanzensahne*
1 TL Bourbonvanillepulver
150 g Bitterschokolade
(mind. 55 % Kakaoanteil)
1 EL Pflanzenmilch* (falls nötig)

FÜR DIE FÜLLUNG
200 g Mandeln
1 EL gehärtetes Pflanzenfett
100 g getrocknete Aprikosen
1 EL Ahornsirup
1/2 TL Bourbonvanillepulver
1 Prise Salz

FÜR DEN TEIG
250 ml Kaffee (aufgebrüht und abgekühlt)
300 g Weizenmehl (Type 405)
2 TL Natron
120 g Zucker
1 Prise Salz
1 TL Apfel- oder Weißweinessig*
4 EL neutrales Pflanzenöl

AUSSERDEM
neutrales Pflanzenöl für die Form

FÜR 1 KASTENFORM (30 CM, 16 STÜCKE)
Zubereitungszeit: ca. 45 Min.
Backzeit: ca. 40 Min.
Kühlzeit: ca. 1 Std. 10 Min.
Pro Stück ca. 300 kcal, 6 g EW, 17 g F, 31 g KH

1 Für die Ganache die Sahne mit der Vanille erhitzen. In der Zwischenzeit die Kuvertüre fein hacken und zur heißen, aber nicht kochenden Sahne geben. Den Topf vom Herd ziehen und ca. 3 Min. stehen lassen. Schokolade und Sahne mit einem Küchenspatel langsam zu einer sämigen, glänzenden Masse vermischen. Die Ganache auf Zimmertemperatur abkühlen lassen, ca. 10 Min. ins Gefrierfach stellen und anschließend mit den Quirlen des Handrührgeräts ca. 1 Min. aufschlagen. Die fertige Ganache mind. 1 Std. kalt stellen.

2 Für die Füllung die Mandeln in einer Pfanne ohne Fett anrösten, bis sie duften, und abkühlen lassen. Das Pflanzenfett schmelzen. Die Aprikosen grob hacken. Die lauwarmen Mandeln im Mixer oder in der Küchenmaschine mittelfein hacken. 1 EL gehackte Mandeln für die Dekoration abnehmen. Aprikosen, Fett, Sirup, Vanille und Salz in die Maschine geben und mit 1 EL warmem Wasser zu einer homogenen Masse vermischen.

3 Den Backofen auf 180° vorheizen und die Form fetten. Die Teigzutaten zu einem zähen Teig verrühren und in die Form gießen. Den Kuchen im Backofen (Mitte) ca. 40 Min. backen, bis an einem hineingesteckten Holzstäbchen kein Teig mehr hängen bleibt, dann herausnehmen und auskühlen lassen.

4 In der Zwischenzeit die Ganache ca. 10 Min. Zimmertemperatur annehmen lassen und mit den Quirlen des Handrührgeräts auf niedriger Stufe verrühren, dann ca. 1 Min. auf hoher Stufe aufschlagen. Falls die Ganache zu krümelig ist, die Pflanzenmilch zugeben und die Creme kurz weiterschlagen.

5 Den Kuchen aus der Form stürzen und horizontal halbieren. Die Aprikosen-Mandel-Füllung auf den unteren Boden geben und mit feuchten Händen etwas andrücken. 3 EL Ganache darüber verteilen und den zweiten Boden auflegen. Die Torte mit der restlichen Ganache umhüllen, die Oberfläche glatt streichen und mit den restlichen gehackten Mandeln bestreuen. Die Torte bis zum Servieren in den Kühlschrank stellen.

HIER GIBT'S DEN KAFFEE AUSNAHMSWEISE MAL NICHT DAZU,

SONDERN DARIN: IM TEIG NÄMLICH.

TORTE IM LÄNGSFORMAT

TORTE OHNE BACKEN

MACADAMIA-KIRSCH-MINITORTE

FÜR DIE MACADAMIACREME
150 g geröstete Macadamianusskerne (gesalzen oder ungesalzen)
80 g Cashewnusskerne
3 EL Ahornsirup oder Agavendicksaft*
1/3 TL Bourbonvanillepulver
100 ml Pflanzenmilch*
1 gestrichener TL Agar-Agar*

FÜR DEN BODEN
120 g Vollkornhirseflocken (Bioladen, ersatzweise zarte Haferflocken, allerdings ist die Torte dann nicht mehr glutenfrei)
2 TL Goldleinsamen (ersatzweise braune Leinsamen)
4 EL Ahornsirup oder Agavendicksaft*
2 TL neutrales Pflanzenöl

FÜR DIE KIRSCHEN
220 g Sauerkirschen (ersatzweise 200 g TK-Sauerkirschen, aufgetaut, abgetropft)
1/2 TL Pfeilwurzelstärke*
1–2 EL Ahornsirup oder Agavendicksaft* (je nach gewünschter Süße)

AUSSERDEM
Backpapier für die Form
4 geröstete Macadamianusskerne (gesalzen oder ungesalzen) zum Garnieren

FÜR 1 SPRINGFORM (Ø 16–18 CM, 12 STÜCKE)
Zubereitungszeit: ca. 45 Min.
Einweichzeit: ca. 8 Std.
Kühlzeit: ca. 4 Std.
Pro Stück ca. 230 kcal, 4 g EW, 15 g F, 19 g KH

1 Rechtzeitig vor dem Backen für die Macadamiacreme gesalzene Macadamianüsse in einem Sieb unter fließendem Wasser abspülen (ungesalzene müssen nicht abgespült werden). Macadamia- und Cashewnüsse mind. 8 Std. (oder über Nacht) in reichlich kaltem Wasser einweichen.

2 Am nächsten Tag die Nüsse in ein Sieb abgießen, nochmals unter fließendem Wasser abbrausen und mit Ahornsirup oder Agavendicksaft, Vanille und 200 ml frischem Wasser im Mixer oder mit dem Pürierstab zu feinem Mus pürieren.

3 Die Pflanzenmilch mit dem Agar-Agar verquirlen, aufkochen und ca. 2 Min. unter Rühren köcheln lassen. Die Mischung zu den pürierten Nüssen geben und alles noch einmal ca. 30 Sek. pürieren.

4 Für den Boden alle Zutaten mit 4 EL Wasser in einen Blitzhacker geben und mithilfe der Pulsfunktion zu einem Teig verarbeiten, alternativ alles mit einer Gabel vermischen und mit den Händen gut kneten.

5 Den Boden der Form mit Backpapier auslegen. Die Masse für den Boden hineindrücken, die Nusscreme daraufgeben, glatt streichen und kalt stellen.

6 In der Zwischenzeit frische Kirschen waschen, entstielen und entsteinen. Die Kirschen mit 4 EL Wasser zugedeckt auf mittlerer Stufe erhitzen. Pfeilwurzelstärke und Ahornsirup hinzugeben und nochmals kurz aufkochen. Die Kirschmischung lauwarm abkühlen lassen, dabei hin und wieder umrühren. Die Kirschen über der Nusscreme verteilen. Die Mini-Torte mind. 4 Std. kühlen. Vor dem Servieren gesalzene Macadamianüsse abspülen und abtropfen lassen (bei ungesalzenen nicht nötig). Die Nüsse grob hacken und die Torte damit garnieren.

DIE KÖNIGIN DER NÜSSE, DIE MACADAMIA, IST OFT NUR GESALZEN ERHÄLTLICH. MACHT ABER GAR NICHTS! UNTER WASSER ABGEBRAUST, KOMMT SIE TROTZDEM IN DIE SÜSSE TORTE.

PRALINEN-MINITORTE

MIT HASEL-NÜSSEN

FÜR DEN TEIG
120 g Weizenmehl (Type 405) oder Dinkelmehl (Type 630)
1 gehäufter TL Kakaopulver
1/2 TL Natron
1 Prise Salz
1 TL Apfelessig*
2 EL neutrales Pflanzenöl
40 g Agavendicksaft*
160 ml Sprudelwasser

FÜR DIE FÜLLUNG
300 g Haselnusskerne
20 g Kakaopulver
125 ml Agavendicksaft*
150 ml Pflanzenmilch*
1 leicht gehäufter TL Agar-Agar*
1/2 TL Bourbonvanillepulver

AUSSERDEM
Backpapier für die Form und für das Blech
1 Tortenring
1 EL Kakaopulver zum Bestäuben

FÜR 1 SPRINGFORM (Ø 16–18 CM, 12 STÜCKE)
Zubereitungszeit: ca. 40 Min.
Kühlzeit: ca. 6 Std.
Pro Stück ca. 270 kcal, 5 g EW, 18 g F, 21 g KH

1 Den Backofen auf 170° vorheizen und den Boden der Form mit Backpapier belegen. Für den Teig die trockenen Zutaten vermischen. Öl, Agavendicksaft und Sprudelwasser zugeben und alles rasch verrühren. Kleinere Klümpchen im Teig lösen sich durch die Kohlensäure des Wassers beim Backen auf. Den Teig in die Form füllen, glatt streichen und im Backofen (Mitte) ca. 12 Min. backen, bis an einem hineingesteckten Holzstäbchen kein Teig mehr hängen bleibt. Den Kuchen herausnehmen und abkühlen lassen.

2 Den Backofen auf 200° heraufstellen. Für die Füllung die Nüsse auf einem mit Backpapier belegten Blech verteilen und im Ofen (Mitte) ca. 7 Min. anrösten, bis sie braun werden, die Haut aufplatzt und sie duften. Die Nüsse herausnehmen, ca. 2 Min. etwas abkühlen lassen und noch warm im Blitzhacker oder Mixer fein mahlen. Den Kakao hinzugeben und 3–4 Min. weitermahlen, bis die Masse leicht ölig wird. Zwischendurch den Mixer immer wieder ausschalten, damit er nicht zu heiß wird. Zuletzt den Agavendicksaft hinzufügen und gut untermischen.

3 Die Pflanzenmilch mit dem Agar-Agar verquirlen, in einem Topf aufkochen und ca. 1 Min. köcheln lassen. Die Mischung ca. 3 Min. abkühlen lassen, zur Haselnusscreme geben und alles noch einmal gut pürieren. Die Füllung mit etwas Vanille abschmecken.

4 Den Tortenboden aus der Form lösen. Einen Tortenring darum aufstellen und die Haselnussmasse einfüllen. Die Torte mind. 6 Std. (oder über Nacht) im Kühlschrank fest werden lassen. Die Torte kurz vor dem Servieren mit dem Kakaopulver bestäuben.

HERZLICH GERN HERZHAFT

BROT, PIZZA, QUICHE & CO.

IRGENDWANN IST AUCH DER GRÖSSTE APPETIT AUF SÜSSES ERST MAL GESTILLT. DANN DARF ES IN DER BACKSTUBE DER VEGANISTA AUCH DURCHAUS DEFTIG ZUGEHEN: MIT GEMÜSEQUICHE, FLAMMKUCHEN ODER KERNIGEN BROTIDEEN FÜR JEDEN TAG.

FÜRS TÄGLICHE BROT

HEFETEIG

GRUNDREZEPT

1/2 Würfel Frischhefe (ca. 20 g)
(ersatzweise 7 g Trockenhefe)
1 EL Zucker
500 g Dinkel- oder Weizenvollkornmehl
100 g Roggenvollkornmehl
2 TL Salz

AUSSERDEM
Backpapier für die Form
feuerfeste Schale mit Wasser

FÜR 1 FEUERFESTE FORM (Z. B. EISENPFANNE, AUFLAUFFORM, Ø CA. 25 CM, ERGIBT 1 BROT MIT 18 SCHEIBEN)
Zubereitungszeit: ca. 30 Min.
Gehzeit: ca. 2 Std. 30 Min.
Backzeit: ca. 50 Min.
Pro Scheibe ca. 115 kcal, 5 g EW, 1 g F, 22 g KH

1 Die Hefe etwas zerkrümeln und mit dem Zucker bestreuen. 450 ml lauwarmes Wasser hinzugeben und die Mischung ca. 10 Min. stehen lassen, bis die Hefe Blasen schlägt. Die Mischung gut verrühren.

2 Beide Mehlsorten mit dem Salz in eine Rührschüssel geben und die Hefe-Wasser-Mischung mit dem Stiel eines Rührlöffels untermischen. Den Teig zugedeckt an einem warmen Ort ca. 2 Std. gehen lassen, bis sich das Volumen deutlich vergrößert hat.

3 Die Form mit Backpapier auslegen, den Brotteig hineingeben und die Oberfläche mit einem scharfen Messer gitterförmig oder kreuzweise ca. 1 cm tief einschneiden.

4 Den Teig noch einmal ca. 30 Min. ruhen lassen. Inzwischen den Backofen auf 220° vorheizen und eine Schale mit heißem Wasser auf den Ofenboden stellen. Das Brot in den Ofen (Mitte) schieben (Achtung! Am Wasserdampf verbrennt man sich leicht!) und 45–50 Min. backen, dabei 10 Min. vor Ende der Backzeit die Wasserschale wieder herausnehmen. Das Brot ist fertig, wenn es eine knusprige Kruste hat und sich hohl anhört, wenn man auf die Unterseite klopft.

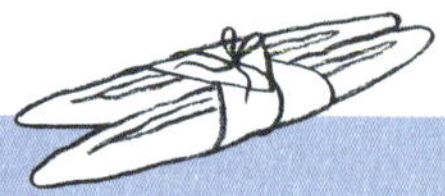

MEINE PRAXISTIPPS

Süßer Hefeteig ohne Kneten gelingt übrigens ähnlich: mit 500 g Weizenmehl (Type 550 oder 405), 100 g weicher Margarine*, 70 g Zucker, 1 Prise Salz und 450 ml Soja- oder Kokosmilch*. Geben Sie nach Herzenslust auch 80-100 g Rosinen oder andere getrocknete Früchte in den süßen Teig - allerdings am besten erst nach dem ersten Gehen.

Egal ob süß oder salzig: Der Teig kann nach dem ersten Gehen bis zu 2 Tage im Kühlschrank aufbewahrt werden. In diesem Fall 1-2 Std. vor dem Backen aus dem Kühlschrank nehmen, in die Backform geben und anschließend wie oben beschrieben backen.

DIESER GRUNDTEIG ERLAUBT ES, EIN SCHÖN HERZHAFTES MISCHBROT ZU
BACKEN – UND DAS GANZ OHNE KNETEN. FIND ICH ÄUSSERST PRAKTISCH!

KERNIGES BROT

----- FÜR JEDEN TAG -----

gut 1/2 Würfel Frischhefe (ca. 25 g)
(ersatzweise 7 g Trockenhefe)
1 TL Zucker
20 g Walnuss- oder Haselnusskerne
500 g Dinkelvollkornmehl
2 leicht gehäufte TL Salz
50 g Sonnenblumenkerne
oder Saatenmischung

AUSSERDEM

Dinkelvollkornmehl zum Verarbeiten
neutrales Pflanzenöl
oder Backpapier für das Blech
feuerfeste Schale mit Wasser

FÜR 1 BROT (18 SCHEIBEN)

Zubereitungszeit: ca. 35 Min.
Gehzeit: ca. 12 Std. 40 Min.
Backzeit: ca. 50 Min.
Pro Scheibe ca. 120 kcal, 5 g EW, 3 g F, 19 g KH

BROTZEIT!

1 Am Vortag die Hefe etwas zerkrümeln und mit dem Zucker bestreuen. 320 ml lauwarmes Wasser hinzugeben und die Mischung ca. 10 Min. stehen lassen, bis die Hefe Blasen schlägt.

2 In der Zwischenzeit die Nüsse grob hacken und das Mehl in eine Schüssel geben. Die Hefemischung kurz umrühren, mit Salz und Sonnenblumenkernen oder Saatenmischung zum Mehl geben und alles vermischen. Den Teig auf der bemehlten Arbeitsfläche ca. 10 Min. mit den Händen kneten, bis er elastisch und glatt ist, dabei den Teig einige Male auf die Arbeitsfläche schlagen.

3 Den fertig gekneteten Teig in einer Schüssel abgedeckt ca. 3 Std. bei Zimmertemperatur gehen lassen, dann mind. 8 Std. (oder über Nacht) in den Kühlschrank stellen.

4 Am nächsten Tag den Teig ca. 1 Std. Zimmertemperatur annehmen lassen. Dann den Teig auf die leicht bemehlte Arbeitsfläche stürzen und mit bemehlten Händen zu einem runden Brotlaib formen. Dabei den Teig möglichst nicht mehr kneten.

5 Das Brot auf ein mit Backpapier belegtes oder gefettetes Blech legen, mit wenig Mehl bestäuben und noch einmal 30 Min. bei Zimmertemperatur gehen lassen. 10 Min. vor Ende der Gehzeit den Backofen auf 220° vorheizen und eine Schale mit heißem Wasser auf den Ofenboden stellen.

6 Das Brot kreuzweise ca. 1 cm tief einschneiden und in den Backofen (2. Schiene von unten) schieben (Achtung! Am Wasserdampf verbrennt man sich leicht!). Das Brot ca. 50 Min. backen. 10 Min. vor Ende der Backzeit die Wasserschale wieder herausnehmen. Sobald das Brot beim Klopfen auf die Unterseite hohl klingt, ist es fertig.

NUSSIG DUFTEND KOMMT DIESES VOLLKORNBROT AUS DEM OFEN.

DIE LANGE GEHZEIT IM KÜHLSCHRANK SORGT FÜR FEINE PORENBILDUNG UND VIEL AROMA!

HELLES WURZELBROT

BESONDERS AROMATISCH

8 g Frischhefe (ersatzweise 2 g Trockenhefe)
1 gestrichene TL Zucker
400 g Weizenmehl (Type 550)
1 gehäufter TL Salz
2 EL Olivenöl

AUSSERDEM
Weizenmehl zum Verarbeiten
neutrales Pflanzenöl oder Backpapier für das Blech
feuerfeste Schale mit Wasser

FÜR 1 BROT (20 SCHEIBEN)
Zubereitungszeit: ca. 35 Min.
Gehzeit: ca. 12 Std. 40 Min.
Backzeit: ca. 40 Min.
Pro Scheibe ca. 80 kcal, 2 g EW, 1 g F, 14 g KH

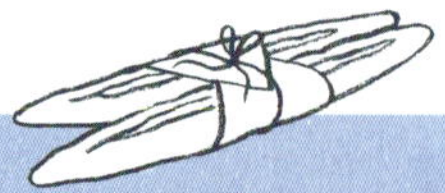

MEINE PRAXISTIPPS

Praktisch: Der Teig kann nach dem Gehen auch noch einen Tag länger im Kühlschrank auf seine Verarbeitung warten. Außerdem sind Brote nach diesem Rezept ideal vorzubereiten: Verdoppeln oder verdreifachen Sie einfach die Teigmenge und backen Sie die Brote jeweils nur 25 Min. Dann können Sie sie noch leicht lauwarm einfrieren und später ohne Auftauen kurz vor dem Servieren 10–15 Min. bei 220° aufbacken.

Der Brotteig eignet sich auch für Focaccia. Dafür aus dem Teig zwei Fladen von 15–20 cm Ø formen und vor dem Backen mit 3 EL Olivenöl und den gehackten Nadeln von 2 Rosmarinzweigen bestreuen. Die Focaccia im vorgeheizten Backofen bei 220° ca. 25 Min. backen.

1 Am Vortag die Hefe etwas zerkrümeln und mit dem Zucker bestreuen. 320 ml lauwarmes Wasser hinzugeben und die Mischung ca. 10 Min. stehen lassen, bis die Hefe Blasen schlägt.

2 In der Zwischenzeit das Mehl in eine Schüssel geben. Die Hefemischung kurz umrühren, mit Salz und Öl zum Mehl geben und alles vermischen. Den Teig auf der bemehlten Arbeitsfläche ca. 10 Min. mit den Händen kneten, bis er elastisch und glatt ist, dabei den Teig einige Male auf die Arbeitsfläche schlagen.

3 Den fertig gekneteten Teig in einer Schüssel abgedeckt ca. 3 Std. bei Zimmertemperatur gehen lassen, dann mind. 8 Std. (oder über Nacht) in den Kühlschrank stellen.

4 Am nächsten Tag den Teig ca. 1 Std. Zimmertemperatur annehmen lassen, dann auf die leicht bemehlte Arbeitsfläche stürzen und auf ca. 30 cm lang ziehen. Die Teigstange auf ein mit Backpapier belegtes oder gefettetes Blech legen und die beiden Enden gegeneinander verdrehen. Das Brot mit wenig Mehl bestäuben und noch einmal 30 Min. bei Zimmertemperatur gehen lassen. 10 Min. vor Ende der Gehzeit den Backofen auf 220° vorheizen und eine Schale mit heißem Wasser auf den Ofenboden stellen.

5 Das Brot kreuzweise einschneiden und in den Backofen (2. Schiene von unten) schieben (Achtung! Am Wasserdampf verbrennt man sich leicht!). Das Brot 35–40 Min. backen, dabei 10 Min. vor Ende der Backzeit die Wasserschale wieder herausnehmen. Sobald das Brot beim Klopfen auf die Unterseite hohl klingt, ist es fertig.

EIN BISSCHEN GEDULD IST BEI DER LANGEN GEHZEIT NATÜRLICH GEFRAGT.

ABER DAS WUNDERBAR LOCKERE ERGEBNIS ENTSCHÄDIGT DEFINITIV FÜRS WARTEN.

PRAKTISCH ZU PORTIONIEREN

PARTYBROT

MIT BBQ-WÜRZE

FÜR DEN TEIG
1/2 Würfel Frischhefe
(ca. 20 g, ersatzweise 7 g Trockenhefe)
1 EL Zucker
400 g Weizenmehl (Type 550)
1 TL Salz
1 EL Olivenöl

FÜR DIE BBQ-SAUCE
1 Zwiebel
2 Knoblauchzehen
2 EL neutrales Pflanzenöl
25 g Zucker
50 g Tomatenmark
50 ml trockener Rotwein
(ersatzweise möglichst herber weißer Traubensaft)
1 EL Sojasauce
2 cl zubereiteter Espresso
2 TL Apfel- oder Weißweinessig*
1/2 TL getrockneter Thymian
1/2 TL getrockneter Majoran
1/2 TL Rauchsalz*
(ersatzweise normales Salz)

AUSSERDEM
Weizenmehl zum Verarbeiten
neutrales Pflanzenöl für die Form

FÜR 1 KASTENFORM (20–25 CM, 24 SCHEIBEN)
Zubereitung: 1 Std.
Gehzeit: ca. 2 Std. 15 Min.
Backzeit: ca. 45 Min.
Pro Scheibe ca. 80 kcal, 2 g EW, 3 g F, 14 g KH

1 Die Hefe etwas zerkrümeln, mit dem Zucker bestreuen und mit 250 ml lauwarmen Wasser übergießen. Die Mischung ca. 10 Min. stehen lassen. Mehl und Salz vermischen. Die Hefe-Wasser-Mischung und das Öl zugeben und alles in 4–5 Min. mit den Knethaken des Handrührgeräts oder mit den Händen zu einem glatten Teig kneten. Den Teig mit etwas Mehl bestreuen und zugedeckt 2 Std. an einem warmen Ort gehen lassen, bis sich das Volumen verdoppelt hat.

2 Währenddessen für die Sauce Zwiebel und Knoblauch schälen, fein würfeln und in dem Öl bei mittlerer Hitze glasig dünsten. Zucker und Tomatenmark hinzufügen und 3–4 Min. unter Rühren anschwitzen, bis das Tomatenmark bräunlich wird. Rotwein, Sojasauce, Espresso, Essig und 50 ml Wasser einrühren. Die Sauce mit Kräutern und Salz würzen und zugedeckt ca. 15 Min. bei schwächster Hitze köcheln, dabei hin und wieder umrühren.

3 Den Teig auf der bemehlten Arbeitsfläche ca. 0,5 cm dick auf ca. 50 × 30 cm ausrollen. Die Kanten mit einem Messer begradigen und die Teigplatte in fünf Streifen von 10 × 30 cm schneiden. Den übrigen Teig nochmals ausrollen und einen Streifen von der gleichen Größe schneiden.

4 Die Teigstreifen jeweils dünn mit Sauce bestreichen, aufeinanderlegen und in vier Quadrate schneiden. Die Form fetten und die gestapelten Teigquadrate hochkant, also mit der Schnittseite nach oben, hineinsetzen. Die einzelnen Teiglagen an der Oberseite mit den Fingern leicht auseinanderzupfen. Den Backofen auf 200° vorheizen. Das Brot noch einmal ca. 10 Min. abgedeckt gehen lassen. Das Brot im Backofen (unten) in 40–45 Min. goldbraun backen. Falls es zu schnell dunkel wird, mit Alufolie abdecken.

DIESES »PULL-APART BREAD« IST DER STAR AUF JEDER GRILLPARTY. ES SIEHT GUT AUS,

LÄSST SICH LEICHT PORTIONIEREN UND SCHMECKT WUNDERBAR ZU GEGRILLTEM GEMÜSE

UND TOFUWÜRSTCHEN. ODER EINFACH PUR: DER DIP IST JA SCHON EINGEBACKEN.

FRÜHSTÜCKS BLITZBRÖTCHEN

FIX UND FERTIG IN EINER HALBEN STUNDE! DAS IST BLITZ-FRÜHSTÜCK À LA VEGANISTA.

MIT SESAM

FÜR DEN TEIG

500 g Dinkelmehl (Type 1050)
2 TL Backpulver
1 TL Salz
1 gestrichener TL Zucker
2 TL neutrales Pflanzenöl
1 EL Sesamsamen

AUSSERDEM

neutrales Pflanzenöl für das Muffinblech oder
10 Papiermuffinförmchen

FÜR 1 MUFFINBLECH (10 BRÖTCHEN)

Zubereitungszeit: ca. 10 Min.
Backzeit: ca. 20 Min.
Pro Stück ca. 180 kcal, 7 g EW, 2 g F, 33 g KH

1 Den Backofen auf 200° vorheizen. Zehn Mulden des Muffinblechs (falls verwendet) fetten.

2 Mehl, Backpulver, Salz, Zucker, Öl und 320 ml Wasser mit einem Rührlöffel oder den Quirlen des Handrührgeräts rasch verrühren.

3 Aus dem Teig mit feuchten Händen zehn Kugeln formen und jeweils in ein Muffinförmchen oder eine Mulde des Muffinblechs setzen. Die Kugeln mit dem Sesam bestreuen und im Backofen (Mitte) in 16–20 Min. goldbraun backen.

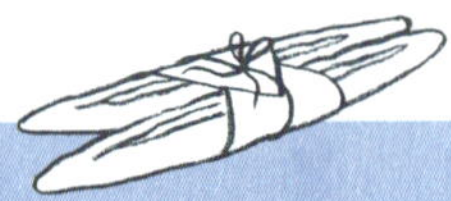

MEINE VERWANDLUNGSTIPPS

Natürlich eignen sich auch andere Saaten zum Bestreuen der Brötchen: zum Beispiel Mohn oder Sonnenblumenkerne. Sie können sie auch direkt mit in den Teig geben. Probieren Sie diese schnellen Brötchen außerdem auch als süße Variante mit 2 EL Zucker und 50 g Rosinen.

SOJAQUARK-ÖL-HÖRNCHEN

QUARK, REIN PFLANZLICH? ÜBERHAUPT KEIN PROBLEM! MIT DIESEM SCHNELLEN GRUNDTEIG LASSEN SICH ALLERLEI SÜSSE UND HERZHAFTE KÖSTLICHKEITEN BACKEN.

1 Am Vortag ein Sieb mit zwei Lagen Küchenpapier oder einem feinen Tuch auslegen und den Sojaghurt hineingeben. Das Sieb in eine Schüssel hängen und den Sojaghurt abgedeckt ca. 24 Std. im Kühlschrank abtropfen lassen.

2 Am Backtag den abgetropften Joghurt und das Öl mit einem Löffel kurz glatt rühren und die restlichen Zutaten dazugeben. Alles verrühren, bis sich alles gerade eben verbindet, dann den Teig auf der bemehlten Arbeitsfläche mit den Händen glatt kneten. Den Teig zu einer Kugel formen und zugedeckt 10 Min. kalt stellen.

3 Den Backofen auf 180° Umluft (für dieses Rezept empfohlen, ersatzweise 200° Ober-/Unterhitze) vorheizen. Ein Blech mit Backpapier belegen.

4 Den gekühlten Teig halbieren. Die erste Portion auf der bemehlten Arbeitsfläche auf ca. 40 × 40 cm ausrollen. Die Platte längs und quer halbieren und die entstandenen Quadrate noch einmal diagonal halbieren. Die Dreiecke von der breiten Seite her aufrollen und die Hörnchen auf das Blech legen, dabei zu Halbmonden biegen. Die zweite Teighälfte ebenso zu Hörnchen verarbeiten.

5 Die Hörnchen im Backofen (Mitte) in 10–12 Min. goldbraun backen.

MEINE VERWANDLUNGSTIPPS

Natürlich gibt's die Hörnchen auch in süß: Verwenden Sie dafür nur 1/2 TL Salz im Teig und bestreuen Sie die zugeschnittenen Dreiecke vor dem Ausrollen mit jeweils 1 TL Vanillezucker oder Zimtzucker.

FÜR DEN TEIG

500 g Sojaghurt* | 140 ml neutrales Pflanzenöl
400 g Weizenmehl (Type 405) oder Dinkelmehl (Type 630)
1 leicht gehäufter TL Natron | 1 gestrichener TL Salz
2 TL Apfel- oder Weißweinessig*

AUSSERDEM

Weizenmehl zum Verarbeiten
Backpapier für das Blech

FÜR 16 STÜCK

Zubereitungszeit: ca. 20 Min.
Abtropfzeit: ca. 24 Std. | Kühlzeit: ca. 10 Min.
Backzeit: ca. 12 Min.
Pro Stück ca. 180 kcal, 4 g EW, 10 g F, 19 g KH

SCHÖN HERZHAFT

BROT-MUFFINS

FÜR DEN TEIG
200 g Dinkelvollkornmehl
200 g Dinkelmehl (Type 630)
1/2 Würfel Frischhefe
(ca. 20 g, ersatzweise 1 Pck. Trockenhefe)
1 gehäufter TL Salz
2 gehäufte TL Zucker

FÜR DIE FÜLLUNG
200 g Räuchertofu*
2 EL neutrales Pflanzenöl
1 EL Sojasauce
1 kleine rote Paprikaschote
1 rote Zwiebel
1 Knoblauchzehe
50 ml Sojamilch*
2 EL Hefeflocken*
1/2 TL Pfeilwurzelstärke*
Salz | schwarzer Pfeffer aus der Mühle

AUSSERDEM
Dinkelmehl zum Verarbeiten
Backpapier für das Blech
neutrales Pflanzenöl für das Muffinblech

FÜR 1 MUFFINBLECH (10 MUFFINS)
Zubereitungszeit: ca. 35 Min.
Gehzeit: ca. 11 Std.
Backzeit: ca. 35 Min.
Pro Stück ca. 200 kcal, 10 g EW, 5 g F, 29 g KH

1 Alle Teigzutaten und 320 ml warmes Wasser in einer Schüssel mit den Knethaken des Handrührgeräts oder dem Stiel eines Holzlöffels verrühren, bis die Mischung klumpig wird. Den Teig mit bemehlten Händen auf der bemehlten Arbeitsfläche ca. 1 Min. kneten, zu einer Kugel formen, diese mit Mehl bestäuben und abgedeckt bei Raumtemperatur ca. 3 Std. gehen lassen, bis sich das Volumen deutlich vergrößert hat. Danach den Teig mind. 8 Std. (oder über Nacht) in den Kühlschrank stellen.

2 Den Teig 30–40 Min. Raumtemperatur annehmen lassen. Inzwischen den Backofen auf 160° vorheizen. Für die Füllung den Tofu gut ausdrücken und mit einer Gabel zerkrümeln. Öl und Sojasauce verrühren und mit den Tofukrümeln mischen. Den Tofu auf einem mit Backpapier belegten Blech verteilen und ca. 15 Min. im Backofen (oben) backen, bis er leicht gebräunt ist. Dabei zwischendurch zwei- bis dreimal wenden.

3 In der Zwischenzeit die Paprika waschen, putzen und fein würfeln. Zwiebel und Knoblauch schälen und ebenfalls in kleine Würfel schneiden. Das Gemüse mit Tofu, Sojamilch, Hefeflocken und Pfeilwurzelstärke vermischen und mit Salz und Pfeffer abschmecken.

4 Zehn Mulden des Muffinblechs fetten. Von dem Teig mit zwei angefeuchteten Esslöffeln zehn Portionen abstechen und in die Muffinförmchen oder in die Mulden des Muffinblechs setzen. In jede Teigportion mit angefeuchteten Fingerspitzen eine ca. 3 cm tiefe Mulde drücken und etwas Tofumasse hineinfüllen. Die Muffins nochmals 10 Min. abgedeckt gehen lassen.

5 Den Backofen auf 190° heraufschalten. Die Muffins im Ofen (Mitte) in 30–35 Min. goldbraun backen.

MIT RÄUCHERTOFU UND TOMATEN GEFÜLLT,

STILLEN DIESE HERZHAFTEN MUFFINS DEN SNACKHUNGER AUF GANZ HANDLICHE ART!

BUCHWEIZEN-MÖHREN-BROT

GLUTENFREI UND KNUSPRIG

200 g Buchweizen (ganze Körner)
300 g Möhren
1/2 TL Rauchsalz* (ersatzweise normales Salz)
1 Knoblauchzehe
60 g Mandeln
60 g Walnusskerne
Salz | schwarzer Pfeffer aus der Mühle
60 g geschälte Hanfsamen (Bioladen)

AUSSERDEM
Glas mit Schraubdeckel
(Fassungsvermögen ca. 500 ml)
Backpapier für das Blech

FÜR 2 BROTE (À 4 STÜCKE)
Zubereitungszeit: ca. 30 Min.
Keim- und Einweichzeit: ca. 2 Tage
Ziehzeit: ca. 30 Min.
Backzeit: ca. 45 Min.
Pro Stück ca. 220 kcal, 7 g EW, 12 g F, 22 g KH

1 Zwei Tage vor dem Backen den Buchweizen kalt abbrausen, mit reichlich Wasser bedecken und über Nacht einweichen. Am nächsten Tag abgießen, noch einmal gründlich abbrausen und in ein Glas mit Schraubdeckel füllen. Den Buchweizen im geschlossenen Glas 1–2 Tage ankeimen lassen, dabei ein- bis zweimal täglich abbrausen, damit er nicht zu gären beginnt.

2 Am Backtag die Möhren gründlich abbürsten, putzen und mit Schale grob reiben. Die Raspel mit dem Rauchsalz bestreuen und ca. 30 Min. ziehen lassen. Den Knoblauch schälen, fein würfeln und zu den Möhren geben.

3 Den Backofen auf 160° Umluft (empfohlen, ersatzweise 180° Ober-/Unterhitze) vorheizen. Ein Blech mit Backpapier belegen. Die Möhren samt ausgetretener Flüssigkeit zusammen mit Mandeln und Walnusskernen in einen Blitzhacker oder Mixer geben und mit 80–100 ml Wasser zu einem Brei verarbeiten (je nach Mixerleistung ist mehr oder weniger Wasser dazu nötig). Die Masse mit Salz und Pfeffer abschmecken und die Hanfsamen unterheben.

4 Die Masse zu zwei Rechtecken von ca. 15 × 20 cm auf das Backpapier streichen und mit einem angefeuchteten Esslöffel etwas glätten. Die Brote im heißen Ofen (Mitte) 40–45 Min. backen, bis sie schön gebräunt und außen knusprig sind.

KLINGT GANZ SCHÖN GESUND, ODER? ABER ICH VERSPRECHE: DER GEKEIMTE BUCHWEIZEN GIBT DEM TEIG EIN GANZ BESONDERES AROMA.

SCHNELLE MAHLZEIT

PFANNENBROT

MIT KNOBLAUCH-DILL-DIP

FÜR DEN DIP
50 ml Sojamilch*
1 TL Apfel- oder Weißweinessig*
1/2 kleines Bund Dill
1/4 TL Pfeilwurzelstärke*
120–150 ml neutrales Pflanzenöl (siehe Tipp)
1 kleine Knoblauchzehe | Salz
schwarzer Pfeffer aus der Mühle

FÜR DAS BROT
400 g Dinkel- oder Weizenvollkornmehl
1 gehäufter TL Backpulver
1 TL Salz
1 TL Schwarzkümmelsaat
1 TL schwarzer Pfeffer aus der Mühle
1 EL neutrales Pflanzenöl

AUSSERDEM
Dinkel- oder Weizenvollkornmehl zum Verarbeiten

FÜR 4 PERSONEN
Zubereitungszeit: ca. 40 Min.
Ruhezeit: ca. 10 Min.
Pro Portion ca. 705 kcal, 15 g EW, 85 g F, 65 g KH

1 Für den Dip die Hälfte der Sojamilch mit dem Essig in einen Standmixer oder in ein hohes Rührgefäß füllen und 3 Min. stehen lassen, bis sie ausflockt. In der Zwischenzeit den Dill waschen, trocken schütteln und ohne grobe Stängel fein hacken.

2 Die Pfeilwurzelstärke zur Sojamilch geben und kurz vermixen. Dann bei laufendem Mixer das Öl im dünnen Strahl hinzugießen, bis die Masse fest geworden ist. Den Knoblauch schälen, fein hacken oder pressen und zur Mayonnaise geben. Die übrige Sojamilch und den Dill unterrühren und alles mit Salz und Pfeffer abschmecken. Den Dip bis zur Verwendung in den Kühlschrank stellen.

3 Für das Brot alle Zutaten mit 340 ml lauwarmem Wasser mischen und mit einem Rührlöffel oder den Knethaken des Handrührgeräts rasch zu einem glatten Teig verrühren. Den Teig zur Kugel formen und 10 Min. abgedeckt ruhen lassen.

4 Den Backofen auf 50° vorheizen. Den Teig in acht Portionen teilen und jede der bemehlten Arbeitsfläche zu einem dünnen Fladen von ca. 25 cm Ø ausrollen. Die Fladen einzeln in einer großen Pfanne ohne Fett bei starker Hitze 1–2 Min. backen, bis die Oberseite Blasen schlägt. Die Fladen wenden und weitere 20–30 Sek. von der anderen Seite backen. Fertige Fladen auf einen Teller legen und im Backofen warm halten. Die Fladen schmecken aber auch kalt.

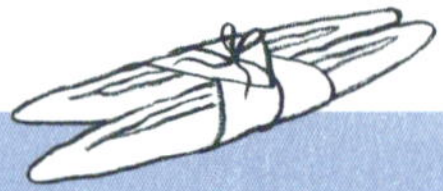

MEIN PRAXISTIPP

Je nach Leistung Ihres Mixers benötigen Sie mehr oder weniger Öl für die Mayonnaise. Wenn Sie sie mit dem Pürierstab herstellen möchten, sollte am besten eine zweite Person das Öl in den Mixbehälter gießen. Damit die Mayonnaise gelingt, ist es erforderlich, dass alle Zutaten Zimmertemperatur haben. Der Dip hält sich 1 Woche im Kühlschrank und kann gut vorbereitet werden.

WENN DIE ZEIT KNAPP IST, KOMMT DAS BROT GERN MAL AUS DER PFANNE.

DAZU GIBT ES EINEN CREMIG-WÜRZIGEN DIP – DIE PERFEKTE HUNGERFEUERWEHR!

PIZZA

À LA VEGANISTA

SCHÖN MANDEL-CREMIG

FÜR DEN TEIG
1/2 Würfel Frischhefe
(ca. 20 g, ersatzweise 7 g Trockenhefe)
1 TL Zucker
250 g Weizenmehl (Type 550)
1/2 TL Salz
1 EL Olivenöl

FÜR DIE TOMATENSAUCE
1 Knoblauchzehe
2 Zweige Rosmarin
4 Zweige Oregano
400 g Tomaten aus der Dose (ganz oder stückig)
3 TL Agavendicksaft*
Salz | schwarzer Pfeffer aus der Mühle

FÜR DEN BELAG
50 g weißes Mandelmus*
1 EL Hefeflocken*
1/2 TL Salz
1 Msp. Kala Namak* (nach Belieben)
1 Msp. Johannisbrotkernmehl*
250 g Tomaten
5 Stängel Basilikum
schwarzer Pfeffer aus der Mühle

AUSSERDEM
Weizenmehl zum Verarbeiten
Backpapier für das Blech

FÜR 4 PERSONEN
Zubereitungszeit: ca. 30 Min.
Gehzeit: ca. 50 Min.
Backzeit: ca. 20 Min.
Pro Portion ca. 375 kcal, 12 g EW, 11 g F, 56 g KH

1 Für den Teig die Hefe etwas zerkrümeln und mit dem Zucker bestreuen. 125 ml lauwarmes Wasser hinzugeben und die Mischung ca. 10 Min. stehen lassen, bis die Hefe Blasen schlägt. Mehl, Salz und Öl in eine Schüssel geben und die Hefe-Wasser-Mischung mit dem Stiel eines Rührlöffels untermischen. Alles auf der bemehlten Arbeitsfläche ca. 6 Min. zu einem glatten Teig verkneten. Den Teig zugedeckt an einem warmen Ort ca. 30 Min. gehen lassen.

2 In der Zwischenzeit für die Tomatensauce den Knoblauch schälen. Die Kräuter waschen, trocken schütteln und die Blättchen abzupfen. Alle Saucenzutaten mit dem Pürierstab oder im Mixer glatt pürieren und die Sauce mit Salz und schwarzem Pfeffer sehr würzig abschmecken.

3 Für den Belag das Mandelmus mit 250 ml Wasser unter Rühren zum Kochen bringen und bei mittlerer Hitze ca. 4 Min. einkochen. Den Topf vom Herd ziehen und die Sauce mit Hefeflocken und Salz abschmecken. Das Johannisbrotkernmehl einrühren und die Sauce fein pürieren. Die Tomaten waschen, die Stielansätze entfernen und die Tomaten in dünne Scheiben schneiden.

4 Ein Backblech mit Backpapier belegen. Den Teig auf ca. 30 × 40 cm ausrollen und auf das Blech legen. Den Pizzaboden mit einer Gabel mehrmals einstechen und zugedeckt noch einmal 10 Min. gehen lassen. Den Backofen auf 240° vorheizen.

5 Die Tomatensauce auf dem Boden verstreichen, die Mandelsauce in Klecksen darauf verteilen und die Pizza mit den Tomaten belegen. Die Pizza im Backofen (2. Schiene von oben) 15–20 Min. backen, bis der Rand gebräunt ist. Das Basilikum waschen, trocken schütteln und die Blätter in feine Streifen schneiden. Die fertige Pizza mit dem Basilikum und mit schwarzem Pfeffer aus der Mühle bestreuen.

GANZ PUR: SO SIEHT MEINE LIEBLINGSPIZZA AUS.

MIT FRISCHEM GEMÜSE IST SIE BEINAHE UNENDLICH WANDELBAR.

FLAMMKUCHEN

FRISCH AUS DEM OFEN

----- MIT PAPRIKASAUCE -----

FÜR DEN TEIG

1/3 Würfel Frischhefe
(ca. 15 g, ersatzweise 2 TL Trockenhefe)
240 g Weizenmehl (Type 405)
oder Dinkelmehl (Type 630)
1/2 TL Salz
1/2 TL Zucker
1 EL Olivenöl

FÜR DEN BELAG

1/2 Zucchino (ca. 150 g)
1 kleine rote Zwiebel
50 g Rucola
500 g rote Paprikaschoten
1 kleine Knoblauchzehe
3 TL Olivenöl
1-2 TL Agavendicksaft*
(je nach gewünschter Süße)
1/2-1 TL Apfel- oder Weißweinessig*
(nach Geschmack)
1/2 TL Rauchsalz*
(ersatzweise normales Salz)
Salz | schwarzer Pfeffer aus der Mühle
1 EL Kapern (in Lake)

AUSSERDEM

Weizen- oder Dinkelmehl zum Verarbeiten
Backpapier für das Blech

FÜR 2 PERSONEN

Zubereitungszeit: ca. 30 Min.
Gehzeit: ca. 35 Min.
Backzeit: ca. 22 Min.
Pro Portion ca. 610 kcal, 18 g EW, 12 g F, 106 g KH

1 Für den Teig die Hefe zerbröseln und mit Mehl, Salz und Zucker vermischen. Das Olivenöl sowie 130 ml warmes Wasser zugeben. Die Mischung in 4–5 Min. mit den Händen zu einem glatten, kompakten Teig verkneten, zu einer Kugel formen und abgedeckt an einem warmen Ort 30–35 Min. gehen lassen, bis sich das Volumen sichtbar vergrößert hat.

2 In der Zwischenzeit für den Belag den Zucchino waschen und putzen. Die Zwiebel schälen. Beides in ca. 3 mm dünne Scheiben schneiden. Den Rucola verlesen, waschen und trocken schleudern. Die Paprika waschen und putzen. Zwei Drittel der Menge grob würfeln, den Rest in dünne Streifen schneiden. Den Knoblauch schälen und fein würfeln.

3 In einem Topf das Öl erhitzen. Knoblauch und Paprikawürfel darin 4–5 Min. bei mittlerer Hitze anschwitzen. Agavendicksaft, Apfelessig, Rauchsalz und 4 EL Wasser zugeben, die Mischung fein pürieren und mit Salz und Pfeffer abschmecken.

4 Den Backofen auf 220° vorheizen. Den Teig auf einer leicht bemehlten Arbeitsfläche dünn auf ca. 30 × 40 cm ausrollen und auf ein mit Backpapier belegtes Blech legen. Die Paprikasauce darauf verteilen und den Boden im Backofen (Mitte) ca. 5 Min. vorbacken.

5 Den Flammkuchen mit Zucchinischeiben, Zwiebelringen, Paprikastreifen und Kapern belegen und in 15–17 Min. fertig backen, bis die Ränder gut gebräunt sind. Den Flammkuchen herausnehmen und vor dem Servieren mit dem Rucola belegen und mit schwarzem Pfeffer übermahlen.

DÜNN UND KNUSPRIG: SO SOLL FLAMMKUCHEN SEIN. HIER SORGT ABER DIE FRUCHTIG-ROTE SAUCE FÜR EINEN ZUSÄTZLICHEN ÜBERRASCHUNGSEFFEKT!

KRÄUTER-
WÜRZIG

PILZ-STRUDEL

FÜR DEN TEIG
350 g Weizenmehl (Type 550)
1 TL Salz
1 TL Zucker
3 EL neutrales Pflanzenöl
1 EL Apfel- oder Weißweinessig*

FÜR DIE FÜLLUNG
800 g Pilze (braune Champignons, Austernpilze, Waldpilze, Shiitakepilze oder eine Mischung)
5 Frühlingszwiebeln
1/2 Bund Petersilie
5 Stängel Majoran
2 EL Mandelmus*
1 TL Paprikapulver (edelsüß)
Salz | schwarzer Pfeffer aus der Mühle
1 EL neutrales Pflanzenöl

AUSSERDEM
1 große Glas- oder Keramikschüssel
Backpapier für das Blech
Weizenmehl zum Verarbeiten
2–3 EL Pflanzenöl
2 EL Pflanzenmilch*

FÜR 6 PERSONEN
Zubereitungszeit: ca. 50 Min.
Ruhezeit: ca. 1 Std.
Backzeit: ca. 35 Min.
Pro Portion ca. 365 kcal, 11 g EW, 16 g F, 45 g KH

1 Die Glas- oder Keramikschüssel mit kochendem Wasser füllen. Für den Teig die trockenen Zutaten vermischen. Öl, Essig und 130 ml warmes Wasser dazugeben und alles mit den Händen in ca. 5 Min. zu einem elastischen, glatten Teig verkneten. Die Schüssel mit Wasser ausleeren und umgedreht über den Teig stülpen. Den Teig bei Raumtemperatur ca. 1 Std. ruhen lassen.

2 Inzwischen für die Füllung die Pilze putzen, falls nötig mit Küchenpapier abreiben und grob hacken. Die Frühlingszwiebeln waschen, putzen und in dünne Ringe schneiden. Die Kräuter kalt abbrausen, trocken schütteln, die Blättchen abzupfen und fein hacken.

3 In einem Topf das Mandelmus mit 250 ml Wasser aufkochen und ca. 2 Min. bei schwacher Hitze köcheln lassen, bis die Mischung eindickt. Dabei ab und zu umrühren. Die Sauce mit Paprikapulver, Salz und Pfeffer würzig abschmecken und beiseitestellen.

4 Das Öl in einer Pfanne erhitzen und die gehackten Pilze darin ca. 3 Min. bei starker Hitze anbraten. Kräuter und Frühlingszwiebelringe unterheben und die Mischung mit Salz und Pfeffer abschmecken.

5 Den Backofen auf 200° vorheizen. Ein Blech mit Backpapier belegen. Zwei saubere Küchentücher etwas überlappend nebeneinander auf die Arbeitsfläche legen (oder ein sehr großes verwenden) und mit Mehl bestäuben. Den Strudelteig darauf auf ca. 40 × 50 cm ausrollen und mit den Handrücken vorsichtig auf eine Größe von ca. 90 × 60 cm ausziehen.

6 Pilze und Mandelsauce auf dem Strudelteig verteilen. Dabei rundum einen Rand von ca. 2 cm frei lassen. Die Seiten des Teigs über die Füllung schlagen und den Strudel von der längeren Seite her mithilfe der Tücher vorsichtig aufrollen.

7 Den Strudel diagonal auf das Blech setzen und falls nötig mit den Händen etwas zusammenschieben. Öl und Sojamilch verquirlen und den Strudel damit einpinseln. Den Strudel 30–35 Min. im Backofen (Mitte) backen, bis er goldbraun geworden ist.

AM LIEBSTEN MAG ICH DIESEN STRUDEL MIT WALD- ODER SHIITAKEPILZEN,

DENN DIE SCHMECKEN TOLL HERZHAFT! DER TEIG GELINGT DANK DER MILCH-ÖL-GLASUR

KNUSPRIG, UND MIT DER PASTE AUS MANDELMUS WIRD'S INNEN SCHÖN SAFTIG. HMMM!

SOMMER-GEMÜSEFEST

TOMATEN-MANDEL-TARTE

FÜR DEN TEIG
2 Stängel Estragon
300 g Dinkelmehl (Type 630)
1 EL Zucker
1 TL Salz
1/2 TL Backpulver
180 g eiskalte oder gefrorene Margarine*
(siehe Tipp S. 66)

FÜR DIE FÜLLUNG
450 g Mini-Roma- oder Cocktailtomaten
60 g weißes Mandelmus*
80 ml trockener Weißwein
(ersatzweise Gemüsebrühe + 1/2 TL Apfelessig*)
1/2 TL getrockneter Oregano
Salz | schwarzer Pfeffer aus der Mühle

AUSSERDEM
Dinkelmehl zum Verarbeiten
Margarine* für die Form
5 Stängel Basilikum zur Dekoration
schwarzer Pfeffer aus der Mühle

FÜR 1 TARTE- ODER SPRINGFORM (Ø 26 CM, 12 STÜCKE)
Zubereitungszeit: ca. 30 Min.
Kühlzeit: ca. 30 Min.
Backzeit: ca. 35 Min.
Pro Stück ca. 240 kcal, 5 g EW, 16 g F, 19 g KH

1 Für den Teig den Estragon waschen, trocken schütteln und die Blätter fein hacken. Die trockenen Zutaten und den Estragon mischen. Gefrorene Margarine darüberreiben oder kalte Margarine in Flöckchen zugeben und alles mit Knethaken oder Händen krümelig mischen.

2 Nach und nach 3–4 EL eiskaltes Wasser zugeben, bis sich die Krümel zusammenklumpen. Alles mit den Händen schnell verkneten. Den Teig zur Kugel formen, zwischen zwei Lagen Frischhaltefolie oder auf wenig Mehl etwas größer als die Form ausrollen. Die Form fetten, den Teig hineinlegen und einen ca. 2 cm hohen Rand formen. Überstehende Reste abschneiden. Den Teigboden samt Form ca. 30 Min. kalt stellen.

3 Den Backofen auf 180° vorheizen. Den gekühlten Boden mit einer Gabel mehrmals einstechen und 10 Min. im Backofen (Mitte) vorbacken.

4 In der Zwischenzeit die Tomaten waschen und in ca. 5 mm dicke Scheiben schneiden. Das Mandelmus mit dem Weißwein oder Gemüsebrühe mit Essig zum Kochen bringen und bei schwacher Hitze unter Rühren 3–4 Min. köcheln. Die Sauce mit Oregano würzen und mit Salz und Pfeffer abschmecken.

5 Den Boden mit der Mandelsauce bestreichen und die Tomatenscheiben etwas überlappend kreisförmig darauflegen. Die Tarte im Backofen (Mitte) in 20–25 Min. zu Ende backen, bis die Ränder leicht gebräunt sind. Inzwischen das Basilikum waschen, trocken schütteln, die Blätter abzupfen und in feine Streifen schneiden. Die fertige Tarte mit dem Basilikum bestreuen und mit Pfeffer übermahlen und heiß servieren.

DIE FRUCHTIGEN TOMATEN WERDEN AUF EINEN LEICHT GESÜSSTEN MÜRBETEIG GEBETTET.

DAS IST NICHT NUR EINFACH, SONDERN AUCH WIRKUNGSVOLL!

FENCHEL-PAPRIKA-QUICHE

SCHÖN KERNIG

FÜR DEN TEIG
300 g Weizenvollkornmehl
1 TL Salz
1 TL Zucker
1/2 TL Backpulver
200 g gefrorene Margarine*

FÜR DIE FÜLLUNG
100 g Vollkornhirse
Salz | 1 EL Walnusskerne
400 g rote Paprikaschoten
1 kleiner Fenchel (ca. 300 g)
1 kleine Zwiebel
1 Knoblauchzehe
150 g Räuchertofu*
1 TL Agavendicksaft*
30 ml Orangensaft
100 ml Sojamilch*
1 TL Pfeilwurzelstärke*

AUSSERDEM
Margarine* für die Form

FÜR 1 SPRINGFORM (Ø 26 CM, 12 STÜCKE)
Zubereitungszeit: ca. 30 Min.
Ruhezeit: ca. 30 Min.
Backzeit: ca. 55 Min.
Pro Stück ca. 270 kcal, 7 g EW, 16 g F, 25 g KH

1 Alle trockenen Zutaten für den Teig in einer Schüssel mischen. Die gefrorene Margarine über das Mehl raspeln, alles kurz vermischen und mit 3–4 EL kaltem Wasser rasch zu einem glatten Teig verkneten. Den Teig zu einer Kugel formen, zwischen zwei Lagen Frischhaltefolie ca. 1 cm dick und etwas größer als die Form ausrollen.

2 Die Form fetten, den Teig hineinlegen und einen ca. 2 cm hohen Rand formen. Überstehende Reste sauber abschneiden. Den Teigboden samt Form ca. 30 Min. im Kühlschrank ruhen lassen.

3 Die Hirse heiß abspülen und nach Packungsanweisung in Salzwasser kochen. Den Backofen auf 220° vorheizen. Den gekühlten Tarteboden mit einer Gabel mehrmals einstechen und ca. 5 Min. im Backofen (Mitte) vorbacken. Herausnehmen und abkühlen lassen.

4 Die Walnüsse in einer Pfanne ohne Fett anrösten, bis sie duften, in ein Schüsselchen umfüllen und abkühlen lassen. Die Paprikaschoten waschen und putzen. Den Stielansatz entfernen, zwei Drittel des Fruchtfleischs grob würfeln, den Rest in Streifen schneiden. Die Nüsse grob hacken. Den Fenchel waschen, putzen, den holzigen Strunk herausschneiden und den Fenchel in ca. 2 cm breite Streifen schneiden. Zwiebel und Knoblauch schälen und fein würfeln.

5 Den Backofen auf 170° vorheizen. Die Paprikawürfel mit der Hälfte der Nüsse, Zwiebel, Knoblauch, Räuchertofu, Agavendicksaft, Orangensaft und Sojamilch mit dem Pürierstab oder im Mixer fein pürieren. Zuletzt die Pfeilwurzelstärke dazugeben, nochmals 30 Sek. mixen und die Füllung mit Salz abschmecken.

6 Die Sauce und die übrigen Nüsse unter die gekochte Hirse heben und die Mischung auf dem vorgebackenen Boden verteilen. Die Fenchel- und Paprikastreifen kreisförmig darauflegen und etwas andrücken. Die Quiche im Backofen (unten) ca. 55 Min. backen, herausnehmen und vor dem Anschneiden 10 Min. ruhen lassen.

HIRSE MACHT DIE FÜLLUNG DIESER QUICHE SCHÖN REICHHALTIG.

DAS IST ECHTES »COMFORT FOOD« – NICHT NUR SÄTTIGEND, SONDERN AUCH NOCH VOLLWERTIG.

LAUCHQUICHE

MIT NÜSSEN

HERBSTLICHER KLASSIKER

FÜR DEN TEIG
300 g Dinkelmehl (Type 630)
1 EL Zucker
1 TL Salz
1/2 TL Backpulver
180 g gefrorene oder kalte Margarine*
(siehe Tipp S. 66)

FÜR DIE FÜLLUNG
500 g Lauch | Salz
2 EL Walnusskerne
4 EL Cashewnusskerne
1 EL Haselnusskerne
70 ml Pflanzensahne* zum Kochen
1 TL Agavendicksaft*
1 TL Pfeilwurzelstärke*
1 TL Apfel- oder Weißweinessig*
Rauchsalz* (nach Belieben)
schwarzer Pfeffer aus der Mühle

AUSSERDEM
Dinkelmehl zum Verarbeiten
Margarine* für die Form

FÜR 1 SPRINGFORM (Ø 26 CM, 12 STÜCKE)
Zubereitungszeit: ca. 1 Std.
Ruhezeit: ca. 30 Min.
Backzeit: ca. 45 Min.
Pro Stück ca. 250 kcal, 5 g EW, 16 g F, 21 g KH

1 Für den Teig die trockenen Zutaten in einer Schüssel mischen. Gefrorene Margarine darüberreiben oder kalte Margarine in Flöckchen zugeben und alles mit den Knethaken des Handrührgeräts oder den Händen krümelig mischen. Nach und nach 3–4 EL eiskaltes Wasser zugeben, bis sich die Krümel zusammenklumpen. Alles mit den Händen schnell verkneten. Den Teig zu einer Kugel formen, zwischen zwei Lagen Frischhaltefolie oder auf wenig Mehl ca. 1 cm dick und etwas größer als die Form ausrollen. Die Form fetten, den Teig hineinlegen und einen ca. 2 cm hohen Rand formen. Reste sauber abschneiden. Den Teigboden samt Form ca. 30 Min. im Kühlschrank ruhen lassen.

2 Inzwischen den Backofen auf 190° vorheizen. Für die Füllung den Lauch putzen: welke grüne Blattteile entfernen, die Stange der Länge nach aufschlitzen und unter fließendem Wasser gründlich auch zwischen den Blattschichten waschen. Den Lauch in 1 cm dicke Ringe schneiden. In einem Topf 2 l Wasser mit 1 TL Salz aufkochen und den Lauch darin 30 Sek. blanchieren. Den Lauch in ein Sieb abgießen (dabei das Kochwasser auffangen) und mit kaltem Wasser abschrecken.

3 Walnüsse und Cashewkerne grob zerbrechen. Alle Nüsse auf einem Backblech verteilen und im Backofen (unten) ca. 6 Min. anrösten, bis sie duften, herausnehmen und abkühlen lassen.

4 Den Backofen auf 220° heraufschalten. Den gekühlten Teigboden mit einer Gabel mehrmals einstechen und 5 Min. im Backofen (Mitte) vorbacken.

5 Vom Kochwasser des Lauchs 250 ml abmessen und mit der Hälfte der Nüsse, Pflanzensahne, Agavendicksaft, Pfeilwurzelstärke, Essig und nach Belieben Rauchsalz im Mixer sehr fein pürieren. Die Mischung mit Salz und Pfeffer abschmecken und mit Lauch und den übrigen Nüssen auf den Quicheboden geben. Die Quiche ca. 35 Min. im Backofen bei 220° (unten) backen, herausnehmen und vor dem Anschneiden 10 Min. ruhen lassen.

NÜSSE SIND EINFACH GENIAL VIELSEITIG! HIER MACHE ICH DARAUS EINE CREMIG-KERNIGE FÜLLUNG FÜR DIE LAUCHQUICHE.

ROSENKOHL-KARTOFFEL-QUICHE

FÜR DEN TEIG
300 g Dinkelmehl (Type 630)
1 EL Zucker
1 TL Salz
1/2 TL Backpulver
180 g gefrorene oder kalte Margarine*
(siehe Tipp S. 66)

FÜR DIE FÜLLUNG
400 g festkochende Kartoffeln
500 g Rosenkohl
Salz | 1 Bio-Zitrone
400 g Seidentofu*
60 ml Pflanzensahne* zum Kochen
2 EL Speisestärke
1 TL Agavendicksaft*
schwarzer Pfeffer aus der Mühle

AUSSERDEM
Dinkelmehl zum Verarbeiten
Margarine* für die Form

FÜR 1 SPRINGFORM (Ø 26 CM, 12 STÜCKE)
Zubereitungszeit: ca. 40 Min.
Kühlzeit: ca. 30 Min.
Backzeit: ca. 35 Min.
Pro Stück ca. 265 kcal, 7 g EW, 15 g F, 26 g KH

1 Für den Teig die trockenen Zutaten in einer Schüssel mischen. Gefrorene Margarine darüberreiben oder kalte Margarine in Flöckchen zugeben und alles mit den Knethaken des Handrührgeräts oder den Händen krümelig mischen. Nach und nach 3–4 EL eiskaltes Wasser zugeben, bis sich die Krümel zusammenklumpen. Alles mit den Händen schnell verkneten. Den Teig zu einer Kugel formen, zwischen zwei Lagen Frischhaltefolie oder auf wenig Mehl ca. 1 cm dick und etwas größer als die Form ausrollen. Die Form fetten, den Teig hineinlegen und einen ca. 2 cm hohen Rand formen. Reste sauber abschneiden. Den Teigboden samt Form ca. 30 Min. im Kühlschrank ruhen lassen.

2 In der Zwischenzeit für die Füllung die Kartoffeln schälen und in 1 cm breite Spalten schneiden. Den Rosenkohl putzen und waschen. Große Röschen halbieren.

3 Den Backofen auf 220° vorheizen. In einem Topf 2 l Wasser mit 1 TL Salz aufkochen. Die Kartoffeln darin 5 Min. bei mittlerer Hitze kochen, dann den Rosenkohl zugeben und alles weitere 2 Min. kochen. Das Gemüse in ein Sieb abgießen (das Kochwasser auffangen) und unter fließend kaltem Wasser abschrecken.

4 Den gekühlten Quicheboden mit einer Gabel mehrmals einstechen und im heißen Backofen (Mitte) ca. 5 Min. vorbacken.

5 Die Zitrone heiß abwaschen, trocknen, die Schale abreiben und den Saft aus einer Hälfte auspressen (die andere anderweitig verwenden). 80 ml Gemüsekochwasser abmessen und mit Zitronensaft und -schale, Seidentofu, Sahne, Stärke und Agavendicksaft im Mixer oder mit dem Pürierstab fein pürieren. Die Creme mit Salz und Pfeffer würzig abschmecken.

6 Die Hälfte der Creme auf den vorgebackenen Boden geben, das Gemüse darauf verteilen und die restliche Creme darübergießen. Die Quiche im Backofen bei 220° (Mitte) ca. 35 Min. backen, bis die Oberfläche leicht gebräunt ist. Die Quiche aus dem Ofen nehmen und vor dem Anschneiden ca. 10 Min. ruhen lassen.

IM WINTER GEHT NICHTS ÜBER ROSENKOHL.

UND DASS DER NICHT IMMER NUR GEKOCHT WERDEN MUSS, ZEIGT DIESE QUICHE.

ROTE-BETE-TARTE

MIT MEERRETTICH

MIT KICK!

FÜR DEN TEIG
150 g Dinkelmehl (Type 1050)
1 Msp. Backpulver
1/2 TL Salz
60 g gefrorene oder kalte Margarine*
(siehe Tipp S. 66)

FÜR DIE FÜLLUNG
250 g Rote Bete | Salz
1 Knoblauchzehe
1 kleine Zwiebel
200 g Seidentofu*
1 gestrichener TL Pfeilwurzelstärke*
1 kleiner Apfel
1 TL Agavendicksaft*
2 EL Weichweizengrieß
schwarzer Pfeffer aus der Mühle
4 EL Pflanzensahne* zum Kochen
1 TL geriebener Meerrettich (aus dem Glas)

AUSSERDEM
Dinkelmehl zum Verarbeiten
Margarine* für die Form
grob gemörserter schwarzer Pfeffer zum Bestreuen

FÜR 1 TARTE- ODER SPRINGFORM (Ø 26 CM, 12 STÜCKE)
Zubereitungszeit: ca. 45 Min.
Ruhezeit: ca. 20 Min.
Backzeit: ca. 25 Min.
Pro Stück ca. 130 kcal, 4 g EW, 6 g F, 16 g KH

1 Für den Teig die trockenen Zutaten vermischen. Gefrorene Margarine darüberreiben oder kalte Margarine in Flöckchen zugeben und alles mit den Knethaken des Handrührgeräts oder den Händen krümelig mischen.

2 Nach und nach 2–3 EL eiskaltes Wasser zugeben, bis sich die Krümel zusammenklumpen. Alles mit den Händen schnell verkneten. Den Teig zu einer Kugel formen, zwischen zwei Lagen Frischhaltefolie oder auf wenig Mehl etwas größer als die Form ausrollen. Die Form fetten, den Teig hineinlegen und einen ca. 2 cm hohen Rand formen. Reste sauber abschneiden. Den Teigboden samt Form ca. 20 Min. im Kühlschrank ruhen lassen.

3 In der Zwischenzeit für die Füllung die Rote Bete putzen, gründlich unter Wasser abbürsten (nur falls nötig schälen) und grob würfeln. Die Betewürfel in einem Topf knapp mit Salzwasser bedecken, aufkochen und bei schwacher Hitze zugedeckt in 25–35 Min. weich kochen.

4 Inzwischen den Backofen auf 200° vorheizen. Den Knoblauch schälen. Die Zwiebel schälen und fein würfeln. Den gekühlten Teig mehrmals mit einer Gabel einstechen und im Backofen (Mitte) 7 Min. vorbacken. Die Backofentemperatur auf 170° reduzieren.

5 Die Rote Bete abgießen und mit Seifentofu und Knoblauchzehe im Mixer oder mit dem Pürierstab fein pürieren. Die Pfeilwurzelstärke zugeben und alles noch einmal pürieren. Den Apfel waschen und ungeschält ohne Kerngehäuse grob raspeln. Apfelraspel, Zwiebelwürfel, Agavendicksaft und Grieß unter die Rote-Bete-Mischung rühren und mit Salz und Pfeffer abschmecken. Die Pflanzensahne mit dem Meerrettich glatt rühren.

6 Die Rote-Bete-Mischung in den vorgebackenen Teig füllen. Die Sahne-Meerrettich-Mischung mit einem Esslöffel dekorativ darauf verteilen. Die Tarte im Backofen (unten) 20–25 Min. backen, bis der Teig leicht gebräunt ist. Die fertige Tarte herausnehmen und mit grob gemörsertem Pfeffer bestreut warm servieren.

ERDIGE ROTE BETE BEKOMMT GESELLSCHAFT VON SCHARF-
WÜRZIGEM MEERRETTICH. EINE PERFEKTE KOMBINATION!

MIT THAI-AROMA

BLÄTTERTEIG-SCHNECKEN

FÜR DEN TEIG
300 g Weizenmehl (Type 405)
2 EL ungeröstetes Sesamöl
(ersatzweise Erdnussöl)
1/2 TL Salz
140 g kalte Margarine*

FÜR DIE FÜLLUNG
1 1/2 TL rote Thai-Currypaste (siehe Tipp)
50 g ungesüßter Sojaghurt*
1/2 TL Agavendicksaft* | Salz
1/2 Bund Petersilie

AUSSERDEM
Mehl zum Verarbeiten
Backpapier für das Blech

FÜR 14 STÜCK
Zubereitungszeit: ca. 1 Std. 10 Min.
Backzeit: ca. 18 Min.
Pro Stück ca. 160 kcal, 2 g EW, 10 g F, 16 g KH

1 Für den Teig das Mehl mit Sesamöl, Salz und 200 ml Wasser vermischen und mit den Händen in ca. 3 Min. zu einem glatten Teig kneten. Den Teig zu einer Kugel formen und in Frischhaltefolie gewickelt 30 Min. kalt stellen.

2 In der Zwischenzeit die Margarine zwischen zwei Lagen Frischhaltefolie auf ca. 15 × 20 cm ausrollen. Die Margarine samt Folie für 10 Min. ins Tiefkühlfach legen.

3 Für die Füllung die Currypaste mit Sojaghurt und Agavendicksaft vermischen und mit Salz abschmecken. Die Petersilie kalt abbrausen, trocken schütteln, die Blättchen fein hacken und zum Curryjoghurt geben.

4 Den Teig auf 40 × 20 cm ausrollen. Die Margarineplatte hochkant in die Mitte legen und die freien Teigdrittel von links und rechts darüberschlagen. Den Teig leicht mit Mehl bestäuben und unter Frischhaltefolie wieder auf die ursprüngliche Größe ausrollen. Erst das linke, dann das rechte Teigdrittel über die Mitte schlagen und den Teig ca. 10 Min. kalt stellen. Das Teigfalten und Ausrollen viermal wiederholen und den Teig jeweils zwischendurch kühlen.

5 Den Backofen auf 180° Umluft (empfohlen, sonst 200° Ober-/Unterhitze) vorheizen. Ein Blech mit Backpapier belegen. Den Blätterteig auf 40 × 20 cm ausrollen und mit der Currymischung bestreichen, dabei ringsum einen Rand von ca. 4 cm lassen. Die Teigplatte von der langen Seite her aufrollen und die Rolle in 14 ca. 1,5 cm dicke Scheiben schneiden. Die Schnecken mit etwas Abstand auf das Blech setzen und im Backofen (Mitte) in ca. 18 Min. goldgelb backen.

MEIN EINKAUFSTIPP

Rote, grüne und gelbe Thai-Currypasten sind bei uns im Asien- oder Bioladen erhältlich. Traditionell enthalten sie in der Regel Garnelenpaste. Es gibt aber auch vegane Varianten - schauen Sie einfach auf die Zutatenliste!

KEINE ANGST VOR BLÄTTERTEIG! WENN MAN EINMAL WEISS, WIE’S GEHT,

IST ER EINFACH GEMACHT. ICH BACK DARAUS GERNE SCHNECKEN,

DENN DIE SIND SUPER VORZUBEREITEN, TOLL FÜRS BÜFETT UND WARM WIE KALT LECKER!

WAFFELHÄPPCHEN

HERZHAFT

FÜR DEN TEIG
300 g Dinkelmehl (Type 630)
2 TL Zucker
1/2 TL schwarzer Pfeffer aus der Mühle
1 TL Salz
1/2 TL Backpulver
200 g gefrorene oder kalte Margarine*
(siehe Tipp S. 66)

FÜR DEN BELAG
1 reife Avocado
1/2 Bio-Limette
1/2 rote Zwiebel
2 Stängel Koriandergrün
Salz | schwarzer Pfeffer aus der Mühle
1/2 Bund große Radieschen

AUSSERDEM
Waffeleisen
neutrales Pflanzenöl für das Waffeleisen

FÜR 20 STÜCK
Zubereitungszeit: ca. 40 Min.
Backzeit: ca. jeweils 3–4 Min.
Kühlzeit: ca. 30 Min.
Pro Stück ca. 150 kcal, 3 g EW, 11 g F, 10 g KH

IDEAL FÜRS BÜFETT

1 Für den Teig die trockenen Zutaten vermischen. Gefrorene Margarine darüberreiben oder kalte Margarine in Flöckchen zugeben und alles mit den Knethaken des Handrührgeräts oder den Händen krümelig mischen. Nach und nach 3–4 EL eiskaltes Wasser zugeben, bis sich die Krümel zusammenklumpen. Alles mit den Händen schnell verkneten, den Teig zur einer Kugel formen, flach drücken und in Frischhaltefolie gewickelt ca. 30 Min. kalt stellen.

2 In der Zwischenzeit für den Belag die Avocado halbieren, den Kern entfernen und das Fruchtfleisch mit einem Löffel aus der Schale lösen. Die Limette auspressen. Das Avocadofruchtfleisch mit dem Limettensaft mischen und mit einer Gabel zerdrücken. Die Zwiebel schälen und sehr fein würfeln. Den Koriander waschen, trocken schütteln und die Blättchen sehr fein hacken. Zwiebel und Koriander zur Avocadocreme geben und die Mischung mit Salz und Pfeffer aus der Mühle abschmecken. Die Creme bis zur Verwendung kühl stellen.

3 Die Radieschen waschen, abtrocknen und mit einem Sparschäler lange Spiralen von Schale und Fruchtfleisch abschälen (den Rest der Radieschen anderweitig verwenden). Die Spiralen zu 20 kleinen »Röschen« zusammenrollen und in Eiswasser legen.

4 Das Waffeleisen auf höchster Stufe vorheizen und leicht fetten. Den gekühlten Teig in 20 Portionen à ca. 30 g aufteilen. Jede Portion zur Kugel formen, etwas flach drücken und immer drei auf einmal in das Waffeleisen geben. Jede Portion 3–4 Min. backen, die Waffeln herausnehmen und auf einem Kuchengitter auskühlen lassen.

5 Die abgekühlten Waffeln mit jeweils 1 gut gehäuften TL Avocadodip und 1 Radieschenrose garnieren.

KLEINE HÄPPCHEN MAL GANZ GROSS: DER HERZHAFTE WAFFELTEIG IST SCHNELL GEMACHT UND BILDET DIE PERFEKTE UNTERLAGE FÜR EINE CREMIGE GUACAMOLE.

WINDBEUTEL-BURGER

MIT RÄUCHERTOFU

FEINES FINGERFOOD

FÜR DIE BRANDMASSE
300 ml Sojamilch* | 160 g Margarine*
250 g Weizenmehl (Type 405) oder Dinkelmehl (Type 630)
360 g veganes »Eiweiß« (siehe Rezept S. 18, doppelte Menge)

FÜR DIE FÜLLUNG
200 g Räuchertofu* | 1 rote Zwiebel
250 g rote Paprikaschote | 3 TL neutrales Pflanzenöl
120 ml Pflanzensahne zum Kochen
Salz | schwarzer Pfeffer aus der Mühle
100 g Cocktailtomaten

FÜR DEN DIP
1/2 Zitrone
70 g Sesammus (Tahin, Bioladen oder türkisches Geschäft)
2 TL Agavendicksaft* | Salz

AUSSERDEM
Backpapier für die Bleche
1 Spritzbeutel mit großer Lochtülle
3 EL feine Sprossen
(z. B. Alfalfa-, Radieschen- oder Rote-Bete-Sprossen)

FÜR 20 STÜCK
Zubereitungszeit: ca. 1 Std. 30 Min.
Backzeit: ca. 55 Min.
Pro Stück ca. 205 kcal, 4 g EW, 13 g F, 18 g KH

1 Die Sojamilch mit 300 ml Wasser in einem Topf erhitzen und die Margarine darin schmelzen. Das Mehl auf einmal hinzugeben und 1–2 Min. mit einem Holzlöffel rühren, bis sich die Masse zusammenballt und sich am Topfboden ein weißer Film absetzt. 1 Min. weiterrühren und die Brandmasse zum Abkühlen in eine Schüssel füllen.

2 Esslöffelweise das vegane »Eiweiß« zur lauwarmen Masse geben und jeweils gründlich mit den Knethaken des Handrührgeräts oder mit einer Gabel unterarbeiten.

3 Den Backofen auf 160° Umluft (empfohlen, sonst 180° Ober-/Unterhitze) vorheizen und zwei Bleche mit Backpapier belegen. Die Masse in einen Spritzbeutel mit Lochtülle füllen und mit reichlich Abstand 20 Windbeutel (Ø ca. 4 cm) auf die Bleche spritzen. Die Windbeutel im Ofen (Mitte und unten) 50–55 Min. backen, bis sie leicht gebräunt sind. (Bei Ober-/Unterhitze müssen die beiden Bleche nacheinander abgebacken werden.) Dann die Ofentür leicht ankippen und die Windbeutel abkühlen lassen.

4 Für die Füllung den Räuchertofu zwischen den Fingern zerkrümeln. Die Zwiebel schälen, die Paprika waschen und putzen. Beides in sehr feine Würfel schneiden. Das Öl in einer Pfanne erhitzen. Paprika, Tofu und Zwiebel darin bei mittlerer Hitze ca. 5 Min. anschwitzen, mit der Sahne ablöschen, salzen und pfeffern.

5 Den Backofen erneut auf 200° vorheizen. Die Kirschtomaten waschen und in dünne Scheiben schneiden. Die Windbeutel quer halbieren und die Tofupaste gleichmäßig auf den unteren Hälften verstreichen. Die Paste mit den Tomatenscheiben belegen und im Backofen (Mitte) ca. 10 Min. backen. In den letzten 2 Min. die oberen Hälften mit in den Ofen legen.

6 In der Zwischenzeit die Sprossen waschen und trocken tupfen. Für den Dip die Zitrone auspressen. Den Saft mit Sesammus, Agavendicksaft und 150 ml warmem Wasser verrühren. Den Dip mit Salz abschmecken.

7 Die Burger aus dem Ofen nehmen, auf jeden etwas von dem Dip setzen, mit den Sprossen garnieren und die oberen Hälften aufsetzen.

DIE BRANDMASSE IST NICHT GEWÜRZT UND GIBT

DER RAUCHIG-AROMATISCHEN FÜLLUNG VIEL RAUM ZUM ENTFALTEN.

MIT SESAMDIP UND KIRSCHTOMATEN WIRD'S INNEN SCHÖN SAFTIG.

GLOSSAR

ZUTATEN FÜR DIE VEGANE BACKSTUBE

Agar-Agar: Pflanzliches Geliermittel aus einer Alge, erhältlich als Pulver oder Flocken im Supermarkt, Bioladen oder Reformhaus.

Agavendicksaft oder Agavensirup: Zwei Namen, ein Lebensmittel. Es ersetzt Zucker oder Honig als Süßungsmittel und süßt dabei stärker als Honig. Je heller der Sirup, desto neutraler schmeckt er. Im Bioladen oder Reformhaus erhältlich.

Dinkelmilch ▸ Pflanzenmilch

Essig: Klare Sorten können »geschönt«, also mit Gelatine oder anderen tierischen Eiweißstoffen geklärt sein. Das muss nicht in der Zutatenliste angegeben werden. Daher am besten naturtrüben, ungefilterten (Apfel-)Essig oder als vegan gekennzeichnete Produkte kaufen.

Fondant: Ist als »Rollfondant« zum Überziehen von Torten und Gebäck geeignet. In der veganen Version oft nur in Fachgeschäften und im Internet erhältlich. Achten Sie auf Sorten ohne Gelatine.

Guarkernmehl: Pflanzliches Binde- und Verdickungsmittel aus der Guarbohne, das kalte und warme Speisen bindet. Erhältlich im Bioladen oder Reformhaus. Dosierung wie ▸ Johannisbrotkernmehl. Siehe auch ▸ Pfeilwurzelstärke

Hefe: Ist selbstverständlich vegan, denn es handelt sich dabei um einen Pilz, nicht um ein Tier. Ob Frisch- oder Trockenhefe verwendet wird, ist Geschmackssache.

Hefeflocken: Erhältlich in Bioladen oder Reformhaus. Sie schmecken dezent »käsig« und sind reich an B-Vitaminen. Nicht zu verwechseln mit Hefeextrakt!

Johannisbrotkernmehl: Pflanzliches Binde- und Verdickungsmittel aus den Früchten des Johannisbrotbaumes. Bindet kalte und warme Flüssigkeiten. 1 TL dickt 200 ml Wasser, Säfte oder Saucen ein. Siehe auch ▸ Guarkernmehl, ▸ Pfeilwurzelmehl

Kakaobutter: Im Bioladen oder Internet erhältlich. Als Zugabe in Schokolade sorgt sie für Glanz, in Füllungen für Stand.

Kala Namak: Auch Schwarzsalz oder indisches Salz. Riecht und schmeckt schwefelig und kann dadurch geschmacklich Eier ersetzen. In Feinkostgeschäften, gut sortierten Asienläden oder online erhältlich.

Kokosmilch: Erhältlich im Bio- oder Asienladen. Oft unter Zugabe von Verdickungsmitteln wie Guarkernmehl hergestellt. Diese Sorten lassen sich nicht gut aufschlagen, da sie auch beim Kühlen relativ homogen bleiben. Achten Sie daher auf Sorten, die nur Kokosnuss (mind. 60 %) und Wasser enthalten.

Kokosöl: Sehr hitzebeständiges Öl aus Kokosnüssen. Am besten ist das native Bio-Kokosöl, das nicht erhitzt, chemisch behandelt, desodoriert, gehärtet oder gebleicht wird.

Kuvertüre: Hat einen höheren Fettanteil als ▸ Schokolade, wird dadurch beim Schmelzen dünnflüssiger und eignet sich deshalb gut für Glasuren. Dieser Effekt kann auch durch Zugabe von 1 TL geschmolzener ▸ Kakaobutter pro 150 g Schokolade erreicht werden.

Lebensmittelfarben: Sie sind nicht immer vegan. Der Rotton E 120 wird durch den Farbstoff der Cochenilleläuse erzeugt, die getrocknet und gemahlen werden. Vegane Lebensmittelfarben finden Sie in Backfachgeschäften, in Biomärkten und im Internet. Produkte in Pastenform färben meistens stark und sind besonders ergiebig.

Mandelmus: Aus geschält oder ungeschält gemahlenen Mandeln (weiß oder braun), im Bioladen erhältlich. Wird mit Wasser verdünnt als sahnige Sauce verwendet, pur als Brotaufstrich und in Smoothies, mit Eiswürfeln püriert als Mandeleis.

Margarine: Pflanzliche Margarine gibt es in Supermarkt und Bioladen. Aber Achtung: Manchmal werden ihr Milcheiweiß, Joghurt oder Vitamin D_3 (ggf. aus Wollwachs) zugesetzt, sodass sie nicht in jedem Fall vegan ist. Informationen über garantiert rein pflanzliche Produkte gibt es im Internet.

Nougat: Industriell hergestellter Nussnougat enthält meist Magermilchpulver. Dunkler Nougat ohne tierische Zutaten, nur auf Basis von Nüssen und Kakaobestandteilen, ist in einigen Supermärkten und Bioläden erhältlich.

Nussmus: Muse aus Nüssen wie Cashew-, Erd- und Haselnüssen sowie Mandeln gibt es im Bioladen häufig pur, gesüßt oder gesalzen. Fürs Kochen und Backen eignen sich am besten die ungesüßten, ungesalzenen Sorten. Siehe auch ▸ Mandelmus

Pfeilwurzelstärke: Stärkehaltiges und säurestabiles Binde- und Verdickungsmittel aus den Wurzeln der Arrowrootpflanze. Auf 250 ml Flüssigkeit 2–3 TL Pfeilwurzelstärke in wenig kaltem Wasser auflösen, unterrühren und alles kurz aufkochen lassen. Siehe auch ▸ Guarkernmehl, ▸ Johannisbrotkernmehl

Pflanzenmilch: Milchartige Flüssigkeit aus Soja, Reis, Kokos, Hafer, Dinkel, Mandeln oder Quinoa. Zum Backen wegen der Triebkraft am besten ▸ Sojamilch verwenden. Getreidemilchsorten werden manchmal Enzyme zugesetzt, die z. B. verhindern können, dass Pudding fest wird. Die meisten Sorten sind in Supermarkt, Bioladen und Reformhaus gut erhältlich.

Pflanzensahne: Soja-, Hafer- und Dinkelsahne zum Kochen sind nicht aufschlagbar und in Supermarkt, Bioladen und Reformhaus gut erhältlich. Auf der Packung als aufschlagbar gekennzeichnete Sorten gibt es im Bioladen oder Internet, seltener im Supermarkt. Bei manchen wird außerdem Sahnefestiger benötigt (siehe Packungsaufschrift), es sei denn, es ist (wie häufig in diesem Buch) im Rezept schon ein Bindemittel wie Stärke oder Agar-Agar angegeben.

Rauchsalz: Auch »Hickorysalz« oder »Smoked Salt«, erhältlich in Feinkostgeschäften und gut sortierten Bioläden. Verleiht Gerichten einen rauchigen, deftigen Geschmack. Achten Sie auf tatsächlich geräucherte Sorten ohne Zugabe von Aromen.

Schokolade: Dunkle Schokolade ab 55 % Kakaoanteil ist meist frei von tierischen Zutaten. Helle oder weiße rein pflanzliche Schokolade wird oft mit Reismilch hergestellt und ist nur in einigen Biosupermärkten oder veganen Onlineshops erhältlich.

Seidentofu: Auch »Silken Tofu«. Sehr weicher, fast geschmacksneutraler Tofu mit hohem Feuchtigkeitsgehalt. Muss für Cremes und Süßspeisen glatt püriert werden. Erhältlich im Bio- oder Asialaden.

Sojaghurt: Joghurt auf Basis von Sojamilch. Abgetropft lässt er sich wie Quark verwenden. Kaufen Sie am besten ungesüßte Sorten (Bioladen); sonst ggf. die Zuckermenge im Rezept anpassen.

Sojamehl: Gibt es vollfett aus der ganzen Bohne (Bioladen) oder entfettet mit höherem Proteingehalt (Supermarkt). Es lockert und bindet und eignet sich daher als Ei-Ersatz beim Kochen und Backen.

Sojamilch: Entwickelt Triebkraft und eignet sich daher gut zum Backen und zum Herstellen von stärkehaltigen Cremes. ▸ Pflanzenmilch

Tapiokastärke: Erhältlich im Asialaden oder Internet, seltener im Bioladen. Gemeint ist das Tapiokamehl, nicht die im Asienladen ebenfalls erhältlichen Tapiokaperlen, die wie Sago eingesetzt werden können. Tapiokastärke bindet Kuchenteige sehr gut und sorgt für Flexibilität.

Tofu: Wird aus Sojamilch hergestellt, die zum Gerinnen gebracht und dann entwässert wird. Je nach verbleibendem Feuchtigkeitsgehalt unterscheidet man den weich-cremigen ▸ Seidentofu vom festen, zu Blöcken gepressten Naturtofu. Räuchertofu schmeckt herzhaft, Naturtofu dagegen ist fast geschmacksneutral. Tofu ist ein wichtiger Eiweißspender.

Zuckerdekoration: Zuckerperlen und Ähnliches werden häufig mit dem Trennmitteln Schelllack (ein Produkt aus der Lackschildlaus) oder Bienenwachs überzogen. Im gut sortierten Bioladen sind rein pflanzliche Zuckerdekorationen erhältlich.

REGISTER

IMPRESSUM

DIE AUTORIN

Nicole Just ist Wahl-Berlinerin und passionierte Köchin. Seit Anfang 2009 lebt die Enkelin eines Metzgers vegan und berichtet seit 2010 auf ihrem Blog vegan-sein.de über ihre Erfahrungen damit. Seit 2012 ist sie Mitinhaberin des veganen Dinnerclubs Mund|Art|Berlin. Außerdem gibt sie Koch- und Backkurse, um den Spaß am veganen Kochen weiterzugeben.

DER FOTOGRAF

René Riis, Neuberliner aus Kopenhagen, arbeitet seit über zeÚ Jahren selbstständig. Über 20 Koch- und Weinbücher, einige davon preisgekrönt, in Zusammenarbeit mit weltweit erfolgreichen Spitzenköchen, zählen zu seinem Portfolio. Regelmäßig arbeitet er für erfolgreiche Food-Magazine wie BEEF!, FOUR-Magazine, essen & trinken, GASTRO (Dänemark) oder Gourmet Traveller (Australien). Die Fotos für dieses Buch entstanden in Zusammenarbeit mit **Max Faber** (Foodstyling).

Syndication: www.jalag-syndication.de
Konzept: Alessandra Redies und Melanie Haizmann
Projektleitung: Melanie Haizmann
Lektorat: Sabine Schlimm
Korrektorat: Mischa Gallé
Satz: Knipping Werbung GmbH, Berg am Starnberger See
Innenlayout, Typografie und Umschlaggestaltung:
independent Medien-Design, Horst Moser, München
Illustrationen: Julia Hollweck
Herstellung: Susanne Mühldorfer
Repro: Longo AG, Bozen
Druck: Firmengruppe APPL, aprinta druck, Wemding
Bindung: Firmengruppe APPL, m.appl GmbH, Wemding

ISBN 978-3-8338-4000-5 — 2. Auflage 2014

Umwelthinweis: Dieses Buch ist auf PEFC-zertifiziertem Papier aus nachhaltiger Waldwirtschaft gedruckt.

GRÄFE UND UNZER

Ein Unternehmen der
GANSKE VERLAGSGRUPPE

QUALITÄTS G|U GARANTIE

Liebe Leserin, lieber Leser,

haben wir Ihre Erwartungen erfüllt? Sind Sie mit diesem Buch zufrieden? Haben Sie weitere Fragen zu diesem Thema? Wir freuen uns auf Ihre Rückmeldung, auf Lob, Kritik und Anregungen, damit wir für Sie immer besser werden können.

GRÄFE UND UNZER Verlag
Leserservice
Postfach 86 03 13
81630 München
E-Mail:
leserservice@graefe-und-unzer.de

Telefon: 00800/72 3733 33*
Telefax: 00800/50 12 05 44*
Mo–Do: 8.00–18.00 Uhr
Fr: 8.00–16.00 Uhr
(gebührenfrei in D, A, CH)*

Ihr GRÄFE UND UNZER Verlag
Der erste Ratgeberverlag – seit 1722.

Backofenhinweis
Die Backzeiten können je nach Herd variieren. Die Temperaturangaben in diesem Buch beziehen sich auf das Backen im Elektroherd mit Ober- und Unterhitze und können bei Gasherden oder Backen mit Umluft abweichen. Details entnehmen Sie bitte der Gebrauchsanweisung für Ihren Herd.

Die **GU-Homepage** finden Sie unter **www.gu.de**

www.facebook.com/gu.verlag